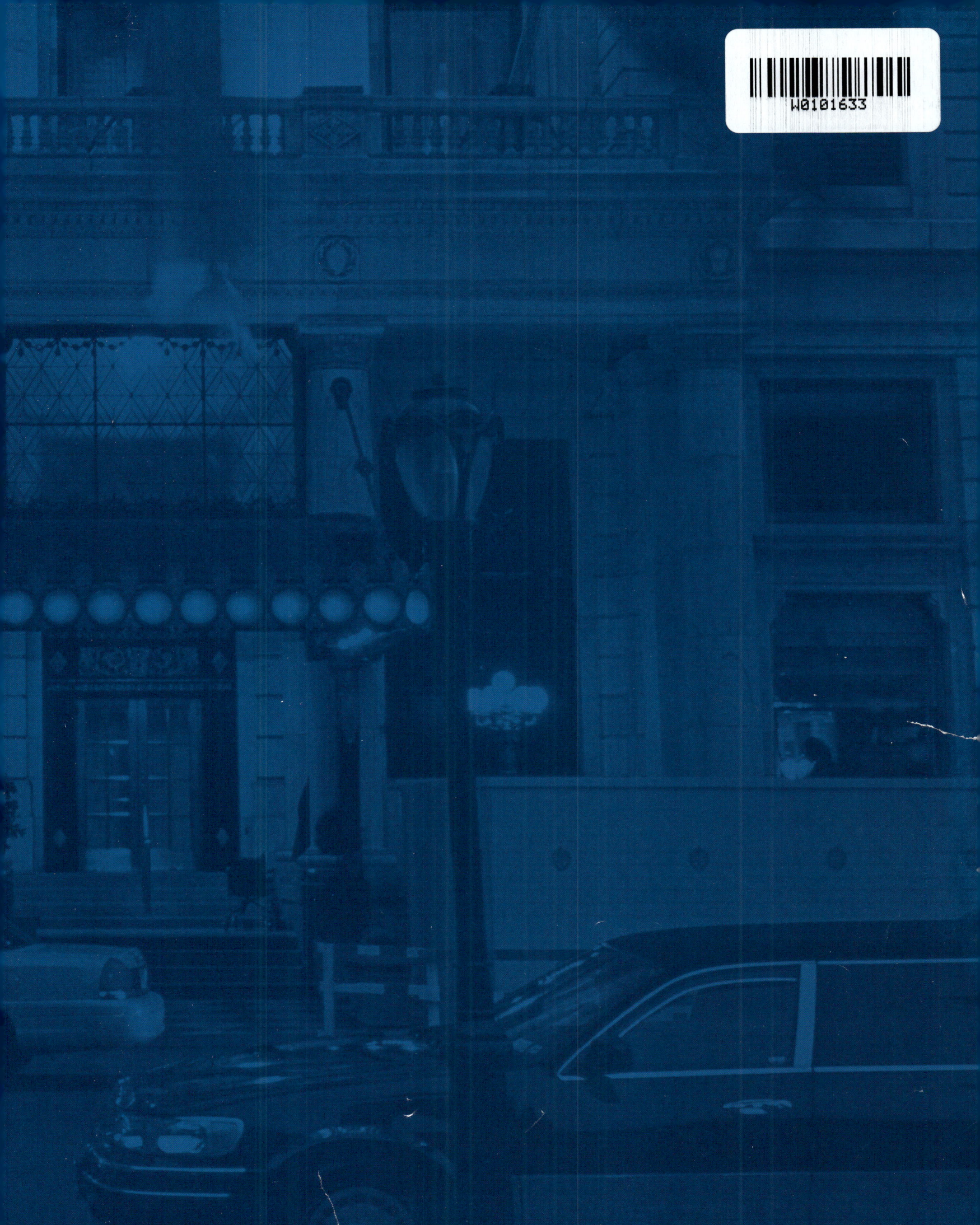

Best of
NEW YORK

66 Highlights

Bilder von
Christian Heeb

Texte von
Thomas Jeier

Stürtz

Das Rockefeller Center zwischen der 48th und 51st Street wurde zwischen 1930 und 1940 im Auftrag von John D. Rockefeller Jr. erbaut. Vom „Top of the Rock", der Aussichtsplattform, geht der Blick über die Wolkenkratzer von Manhattan.

Best of NEW YORK

66 Highlights

NEW YORK – EIN AMERIKANISCHER MYTHOS		12

LOWER MANHATTAN		22
1	Washington Square	25
2	Greenwich Village	26
3	East Village	27
4	Lower East Side	28
5	Chinatown	30
6	Little Italy	32
7	Food Carts	33
8	TriBeCa und Meat District	34
9	High Line Park	36
10	Chelsea	38
11	Wall Street	39
12	SoHo	40
13	Trinity Church	43
14	Battery Park	45
15	One World Trade Center	46
16	9/11 Memorial	47
17	Brooklyn Bridge	48
18	City Hall	49
19	Ellis Island	51
20	Staten Island Ferry	52
21	Statue of Liberty	53

MIDTOWN		54
22	Times Square	56
23	Fifth Avenue	58
24	Diamond District	59
25	Rockefeller Center	61
26	Top of the Rock	63
27	Empire State Building	67
28	Chrysler Building	71
29	Broadway	72
30	United Nations	73
31	Park Avenue	74
32	Trump Tower	75
33	Grand Central Station	77
34	Macy's	78
35	MoMA	81
36	St. Patrick's Cathedral	83
37	Public Library	84
38	Bryant Park	85
39	Flatiron Building	87
40	Rooftop Bars	88

Erste Seite: Morgenlicht über dem Central Park. Der Blick schweift vom The Ritz-Carlton Central Park Hotel Richtung Midtown Manhattan.

Macy's, das größte Kaufhaus der Welt, verteilt sich auf mehrere Gebäude und preist seine Waren auf einer Verkaufsfläche von über 200 000 Quadratmetern in zehn Etagen an. Bekannt wurde Macy's auch für seine Thanksgiving Day Parade.

Mit ihren innovativen Schaufensterdekorationen und Importen aus Europa begründeten die Gebrüder Joseph und Lyman J. Bloomingdale den legendären Ruf ihrer Firma als Edelkaufhaus. Ihr Vater war ein bayerischer Einwanderer.

| 41 | Union Square | 90 |

UPPER MANHATTAN 92

42	Central Park	94
43	Guggenheim Museum	99
44	Lincoln Center	100
45	The Plaza	101
46	Columbus Circle	102
47	Lipstick Building	103
48	Bloomingdale's	103
49	American Museum of Natural History	105
50	Metropolitan Museum of Art	106
51	Neue Galerie	109
52	Harlem	110
53	Gospel Day	113
54	Cathedral of St. John the Divine & Grant Memorial	114
55	Columbia University	115
56	The Cloisters	117
57	Subway	119

JENSEITS VON MANHATTAN 120

58	Blick auf Manhattan	123
59	Long Island	124
60	Botanical Garden/The Bronx	126
61	Brooklyn Museum	127
62	Yankee Stadium	128
63	Coney Island	129
64	Brooklyn Promenade	131
65	Hudson River Valley	133
66	Adirondacks	133

	Register	134
	Karte	135
	Impressum	136

Zum Schutz gegen angreifende Indianer und britische Siedler errichteten die Holländer einen Palisadenzaun im südlichen Manhattan. Der Weg entlang der Mauer wurde zur Wall Street, der Heimat der New Yorker Börse.

Um 1900 ging es auf dem Platz noch ländlich zu, damals war er ein Abstellplatz mit Pferdeställen und Scheunen. Erst 1904 bekam er den Namen Times Square, zu Ehren der damals schon angesehenen „New York Times", die dort ein riesiges Bürohaus errichten ließ.

NEW YORK – EIN AMERIKANISCHER MYTHOS

New York, New York. Ein Koloss von einer Stadt, voller Energie und angestauter Power. „The city that never sleeps", die Stadt, die niemals schläft. Selbst auf der Aussichtsplattform des Empire State Buildings hört man die Geräuschkulisse, das Hupen der Taxis, das Wimmern der Polizeisirenen, das Zischen der Bustüren, das Rattern der Presslufthämmer. Aus den U-Bahn-Schächten drängen Menschen und atmen den Smog wie ein Lebenselixier. Manhattan hat keine Zeit. Jeden Tag beginnt der Wettlauf von neuem, als wären alle Einwohner verzweifelt darum bemüht, dem Leben auf der Überholspur davonzulaufen. Eine Stadt, die verstört und fasziniert. Strahlende Megacity und dunkler Moloch. Die stark genug war, den Terroranschlag von 9/11 zu überstehen, und die mit dem Freedom Tower ein neues Signal ausschickt.

New York muss man erleben und mit allen Sinnen erfahren. Den Herzschlag der Stadt spürt man erst im Getümmel des Alltags, auf den Avenues und Streets, unter den

Vom unbedeutenden Indianerdorf zur Weltstadt – als Peter Minuit den Indianern die Insel Manhattan für ein paar Gulden abkaufte, konnte er nicht ahnen, welch rasante Entwicklung die Siedlung nehmen würde.

Hinter den runden Mauern des Guggenheim Museums verbergen sich wertvolle Sammlungen wie die Thannhauser Collection mit Werken französischer Impressionisten und Neo-Impressionisten wie Matisse, van Gogh, Toulouse-Lautrec und Cézanne.

vielen Menschen, die den Reiz dieser Megacity ausmachen. In den Alltag tauchen und sich treiben lassen, abseits der Touristenströme den wahren Reiz ergründen. In großen Bürohäusern und kleinen Shops, im Linienbus oder einem der unzähligen gelben Taxis, in einer Pizzeria oder am Hot-Dog-Stand, im endlosen Menschenstrom, der sich von morgens bis abends durch die Straßen wälzt. Die Menschenmassen zwischen den Häuserwänden, die flackernden Lichter am Times Square. Der Ladenbesitzer, der das Eisengitter vor seinem Laden hochkurbelt, die Bedienung von der Nachtschicht, die sich gegen den Menschenstrom zur U-Bahn hinunterkämpft, die Polizisten am Central Park, unbeeindruckt von der nervösen Hektik. Ganz anders als der Rest von Amerika und doch typisch für dieses Land.

HERZ DER STADT

New York ist nicht Amerika, sagen manche Leute, aber hier schlägt das Herz des Landes am lautesten. Hier zeigt Amerika sein ungeschminktes Gesicht, werden der ungebrochene Glaube an den Fortschritt und die Macht des Geldes nicht hinter einer schamhaften Maske versteckt. Das Herz der Stadt schlägt (wieder) am Times Square. Aus dem ehemaligen Sündenpfuhl der Metropole ist eine keimfreie Konsumfläche á la Orlando geworden. Verschwunden sind Taschendiebe, Drogendealer und leichte Mädchen, fast schon vergessen die „Triple X"-Reklamen der Pornoläden und Peep-Shows. Die Polizei hat leichtes Spiel. Die Unterwelt hat sich aus dem Staub gemacht, der Times Square gehört wieder den New Yorkern und den Besuchern der Stadt.

Wie eine Lebensader zieht sich der Broadway quer durch Manhattan. Nördlich vom Times Square, im legendären Theater District, pulsiert er am stärksten. Zu verdanken hat er sein Revival dem Disney-Konzern, der Millionen in die Renovierung des Times Square und der umliegenden Theater gesteckt hat. Ob der Qualität der aufgeführten Musicals damit gedient ist, wird bestritten. Hauptsache, der Dollar rollt. „The Phantom of the Opera" ist das am längsten laufende Musical aller Zeiten, seit 1988 fanden über zehntausend Aufführungen statt. „Cats", „Miss Saigon" und „Les Misérables" waren nicht minder erfolgreich. Mit Musicals wird das große Geld am Broadway gemacht, und dafür bekommt man auch allerhand geboten – vor allem aufwändige und teure Special Effects, die früher am Broadway nicht denkbar waren.

Am Times Square schlägt das Herz, und die Fifth Avenue bringt es zum Schlagen: ein aufregender und sündhaft teurer Boulevard mit den bekanntesten Shopping-Paradiesen und weltberühmten Museen. Von Westen nach Osten verläuft die 42nd Street, gewöhnlicher und manchmal vulgär, eine geschäftige Großstadtstraße, die sogar einem Musical den Namen gegeben hat. Von einer Rampe umgeben ragt die Grand Central Station aus der 42nd Street, ein imposantes Gebäude im Beaux-Arts-Stil. Ein künstlicher Himmel und prachtvolle Kronleuchter verwandeln die Bahnhofshalle in ein Kunstwerk. In demselben Beaux-Arts-Stil, der um die Jahrhundertwende von amerikanischen Architekten an der französischen École des Beaux-Arts entwickelt wurde und sich durch klare Grundrisse und imposante Eingänge auszeichnet, ent-

Die Grand Central Station, 1913 nach mehrjähriger Bauzeit eröffnet und vor einigen Jahren aufwändig renoviert, ist der größte und geschäftigste Bahnhof der Welt. Das Gebäude wurde im damals modernen Beaux-Arts-Stil erbaut und mit Barock- und Renaissance-Elementen ausgeschmückt.

Das Chrysler Building gilt als schönster Wolkenkratzer der Stadt und war nach seiner Fertigstellung (1930) für ein Jahr das höchste Gebäude der Stadt. Der Architekt William Van Alen erbaute es im Art-Déco-Stil. Nur vierzig Tage durfte sich das Chrysler Building als höchster Wolkenkratzer der Welt feiern lassen.

stand die New York Public Library. Das Rockefeller Center, eine Stadt in der Stadt mit Büros, Läden und Restaurants, wurde zwischen 1930 und 1940 von John D. Rockefeller erbaut. In der Radio City Music Hall, einem Art-Déco-Prachtbauwerk, geben sich die Stars noch immer die Klinke in die Hand. Hinter der Eisbahn leuchtet im Dezember der „schönste Weihnachtsbaum der Welt", das behauptet jedenfalls der New Yorker Weihnachtsmann. Im Sommer treffen sich die Leute zum Lunch vor dem Rockefeller Center, wird die goldene Prometheus-Statue vor dem legendären Wolkenkratzer zum Treffpunkt der Nationen. Denn hier ist man mittendrin im hektischen Alltag von New York, umgeben von gigantischen Wolkenkratzern, die wie steinerne Monumente aus der Insel ragen. Alle paar Meter geht der Blick staunend nach oben, wird einem beinahe schwindlig beim Anblick der steinernen Riesen.

MANAHTIN

Die ersten New Yorker, die auf der Indianerinsel „Manahtin" siedelten, waren Holländer. 1625 gründeten sie New Amsterdam. 1664 eroberten die Engländer die Siedlung und benannten sie nach dem Duke of York, dem Bruder des englischen Königs: New York. Die Stadt entwickelte sich zu einem geschäftigen Seehafen und spielte eine strategisch bedeutende Rolle im Unabhängigkeitskrieg gegen die Engländer. Bereits 1792 wurde unter einer Platane an der ländlichen Wall Street die „New York Stock Exchange" gegründet. Die größte amerikanische Stadt ist New York seit 1820, damals registrierte man erstaunliche 123 706 Einwohner! Der Erie Canal, der New York seit 1825 mit den Großen Seen verbindet, trug entscheidend zum wirtschaftlichen Aufschwung bei. Vom kolonialen Glanz dieser Zeit ist in Manhattan wenig zu spüren: Fast alle Gebäude wurden durch ein Feuer zerstört.

Nach dem Amerikanischen Bürgerkrieg (1861–1865) wurde New York zum Ausgangspunkt der Industrialisierung. Die großen Bankhäuser entstanden, die Wall Street entwickelte sich zum wirtschaftlichen Zentrum der westlichen Welt, und aus Europa ergoss sich ein Strom von Einwanderern in die Stadt. Die Kartoffelfäule in Irland ließ den meisten Bauern gar keine andere Wahl, als in der „Neuen Welt" ihr Glück zu versuchen, und aus Deutschland flohen die Verlierer der Revolution (1848) über den Atlantik. Doch das erhoffte Paradies erwies sich oft als Hölle: Die meisten Einwanderer lebten unter teilweise skandalösen Umständen auf engstem Raum in baufälligen Mietskasernen und konnten froh sein, wenn sie schlecht bezahlte Arbeit fanden. Viele Europäer fielen Krankheiten und Verbrechen zum Opfer, und wer nicht den Mut hatte, es auf die „krumme Tour" zu versuchen oder in den „Wilden Westen" zu fliehen, war meist zum Scheitern verurteilt. Die vornehmen New Yorker lebten im Norden, in den eleganten „Brownstone Homes" am Central Park, der „Abschaum" vegetierte dahin in den Slums von Five Points, der berüchtigten Kreuzung im südlichen Manhattan, dem Sündenpfuhl der Riesenstadt.

GOLDENES ZEITALTER

Mit dem wirtschaftlichen Aufschwung veränderten sich auch die sozialen Bedingungen in New York. Für viele Bürger begann das „Goldene Zeitalter" in den 80er-Jahren des 19. Jahrhunderts, als immer mehr der einfachen Holz- und Steinhäuser durch „Cast-Iron Buildings" mit schmiedeeisernen Rahmen abgelöst wurden und die Statue of Liberty und die legendäre Brooklyn Bridge der Stadt neuen Glanz verliehen. Die Idee, eine Brücke über den East River zu bauen, kam John August Roebling, als er mit der Fähre im vereisten Fluss steckenblieb. „Ich will ein amerikanisches Nationaldenkmal schaffen", verkündete er, als er die Pläne seines kühnen Vorhabens präsentierte. Fast zwanzig Jahre dauerte es, bis sich sein Traum erfüllte. Am 24. Mai 1883 wurde die Brooklyn Bridge in Anwesenheit von Präsident Chester A. Arthur eröffnet. Emily Roebling, die Schwiegertochter des während der Bauarbeiten verstorbenen Baumeisters, durfte als erste über die Brücke gehen. Heute gehört ein Spaziergang über die Brooklyn Bridge zu den Highlights in New York.

Im 20. Jahrhundert ließ sich New York nicht mehr aufhalten. Mit der Zusammenlegung von Manhattan, Brooklyn, Bronx, Queens und Staten Island (1898) wurde die Stadt zu einer riesigen Metropole mit 3,4 Millionen Einwohnern und fand mit dem Bau der ersten Wolkenkratzer ihr neues dynamisches Gesicht. Das Woolworth Building, das im selben Jahr (1913) wie die Grand Central Station entstand, war ein paar Jahre lang das höchste Gebäude der Welt. Die Sonne ließ man sich deswegen noch lange nicht nehmen: Um den Lichteinfall in die Straßen zu gewährleisten, erließ man 1916 ein Gesetz, nach dem sich alle Wolkenkratzer nach oben hin verjüngen mussten. Beim Bau der Twin Towers gab es diese Vorschrift nicht mehr, doch das neue One World Trade wird mit einer kühnen Konstruktion erneut die Sonne im südlichen Manhattan leuchten lassen.

PLANET NEW YORK

„New York ist keine Stadt, New York ist ein Planet", sagen manche Amerikaner. Und wer diesen Planeten erkunden will, braucht viel Zeit. „New York? Wer kennt schon New York", meint ein New Yorker. Und verschwindet im dichten Menschengewühl. Manhattan lebt, sein Herz schlägt im Rhythmus der hämmernden HipHop Music, die aus den Ghetto Blasters der Street Kids dröhnt. Die pulsierenden Adern der U-Bahn-Stränge verbinden das Herz mit Brooklyn, Queens, Staten Island und der Bronx, denn auch dort liegt New York. Nicht die mythenreiche Megacity aus unseren Träumen, sondern ein ganz gewöhnliches New York mit schmutzigen Mietskasernen und schmucken Reihenhäuschen, vergitterten Supermärkten und kleinen Antiquitätenläden. Die Menschen dort atmen denselben Smog und sehen dieselbe schmutzige Sonne, nur ihr Herz schlägt langsamer, und die Wolkenkratzer von Manhattan scheinen zu einer anderen Welt zu gehören. Zwei Schwarze lehnen an einem Zaun und rauchen, ein anderer jongliert einen Basketball. Eine Mutter bringt ihr Kind zur Schule. Vor einem Hardware Store steigt ein stiernackiger Army-Typ aus seinem Pickup. New York im Schatten von New York, endlose Vororte abseits von Megacity.

In den Vororten wohnt man nur, doch auf der anderen Seite des Flusses liegt die große Welt. Zwischen den Wolkenkratzern und in den Neighbourhoods. Auch Manhattan ist nicht immer Manhattan. Abseits von Uptown und Downtown liegen versteckte Städte und Dörfer, die morgens ihr Eigenleben entwickeln. Die Yuppies, die in SoHo oder TriBeCa oder Chelsea durchgefeiert haben, und in verknitterten Anzügen ein Taxi heranwinken. Die schwarze Hausfrau, die in Harlem das Fenster öffnet und über das Baugerüst an der alten Mietskaserne staunt. Der Händler in Chinatown, der seine Kisten mit dem exotischen Gemüse auf die Straße stellt. Die Touristen, die im East Village ihren Cappuccino schlürfen und den Geräuschpegel der morgendlichen Stadt wie Musik genießen. New York ist nicht Amerika, und New York ist nicht New York. New York ist ein amerikanischer Mythos.

Das Rockefeller Center wurde zwischen 1930 und 1940 im Auftrag von John D. Rockefeller Jr. erbaut und steht seit 1987 unter Denkmalschutz. In den Wolkenkratzern sind Büros, Fernsehstudios, Restaurants und Läden untergebracht.

Der deutschstämmige Maler Albert Bierstadt (1830–1902) wuchs in Massachusetts auf und wurde für seine romantischen Darstellungen des amerikanischen Westens bekannt. Einige seiner bekanntesten Gemälde hängen im Brooklyn Museum.

Zahlreiche Museen in New York verfügen über einen riesigen Veranstaltungskalender mit Workshops, Kursen und Vorträgen – eine beliebte Möglichkeit, sich mit interessantem Wissen zu bereichern und Einheimische kennen zu lernen.

Als grüne Oase in der Millionenstadt plante der Landschaftsarchitekt Frederick Law Olmsted den Central Park. Das felsige Brachland wurde in mühevoller Arbeit mit Humus angereichert. Nur der Jamaica Bay Park in Queens ist größer.

Die Brooklyn Bridge, eines der Wahrzeichen der Stadt, überspannt den East River und verbindet Manhattan und Brooklyn. Sie wurde im Mai 1883 nach sechzehnjähriger Bauzeit eingeweiht. Mit 1825 Metern war sie damals die längste Hängebrücke der Welt.

LOWER MANHATTAN

Das südliche Manhattan wurde vor allem durch europäische Einwanderer geprägt. Deutsche, Iren und Italiener, aber auch Russen, Polen und osteuropäische Juden waren vor der Armut und politischer und religiöser Verfolgung aus Europa geflohen und hofften, in der Neuen Welt ein besseres Leben beginnen zu können. Die „Statue of Liberty" wurde zum Symbol ihrer Träume. Doch bevor sie an Land gehen durften, mussten sie sich in dem roten Backsteinbau auf Ellis Island einer mehrteiligen Prüfung (Gesundheit, Gewissen, Papiere) unterziehen, bevor sie den begehrten Stempel der Einwanderungsbehörde erhielten. Das Immigration Museum erinnert an diese Prozedur. Vom Gepäckraum bis in den zweiten Stock, wo die medizinischen Untersuchungen stattfanden, folgt man dem Weg der Einwanderer, die in Amerika ein neues Leben anfangen wollten. Im Registry Room warteten täglich über 5000 Menschen auf ihre Abfertigung. Die Stadt wurde zum Auffangbecken für die vielen Einwanderer, die Europa aus wirtschaftlicher Not oder unter politischem Druck verließen, und stand für den ungebrochenen Optimismus, der Arm und Reich gleichermaßen beseelte – selbst wenn die meisten Immigranten unter unmenschlichen Bedingungen in der Lower East Side dahinvegetierten.

CHINATOWN UND GREENWICH VILLAGE

Die chinesische Enklave südlich der Canal Street wurde zur Heimat von über 100 000 Chinesen, die eine Stadt in der Stadt geschaffen haben, die mit dem übrigen New

Nächtlicher Blick auf Empire State und Chrysler Building vom Cooper Square Hotel (oben). Die Freiheitsstatue wurde vor allem für Einwanderer zum Symbol der Freiheit. Mercer Street in SoHo (South of Houston Street). Das Künstlerviertel Greenwich Village lag im frühen 20. Jahrhundert noch mitten in der Stadt.

Freiheitsstatue   **Mercer Street in SoHo**   **Greenwich Village**

York kaum etwas gemein hat. Am farbenprächtigsten geht es in Chinatown am 19. Januar zu, wenn das neue Jahr beginnt. Dann ziehen feuerspeiende Drachen durch die Straßen, und über den roten Pagodendächern explodieren Feuerwerkskörper. Die Chinesen haben sich vom „American Way of Life" nicht vereinnahmen lassen. Sie machen den besonderen Charakter dieser Metropole aus, setzen einen ebenso interessanten Farbtupfer in Lower Manhattan wie das bunte Völkchen in Greenwich Village.

Das berühmte Künstlerviertel zwischen 12th Street und Houston Street sowie Lafayette Street und Hudson River erinnert mit seinen verwinkelten und von Bäumen gesäumten Straßen und Gassen an das „Alte Europa" der ersten Einwanderer, obwohl es mit seinen Restaurants und Clubs inzwischen vom Kommerz vereinnahmt wurde. Bekannte Künstler wie Mark Twain, Edgar Allan Poe und Henry James begründeten seinen Ruf als Künstlerviertel, während der Hippie-Zeit ließen sich Beatniks wie der „On the Road"-Autor Jack Kerouac und Pop-Dichter Allen Ginsberg im Village nieder. Bob Dylan und Joan Baez sangen ihre Protestlieder in den Clubs. Heute haben sich junge Schauspieler wie Gwyneth Paltrow und Sarah Jessica Parker („Sex and the City") ins Village zurückgezogen.

Washington Square 1

Der Washington Square gehört zu den bekanntesten öffentlichen Parks der Stadt. Im frühen 16. Jahrhundert noch ein Indianerdorf, benutzten holländische Siedler das Gelände als Farmland, bevor sie es an freigelassene Sklaven verschenkten, um eine Pufferzone zwischen feindlichen Indianern und weißen Siedlungen zu haben. Im frühen 19. Jahrhundert war der spätere Park ein Armenfriedhof, auf dem auch die Opfer der großen Gelbfieber-Epidemie begraben wurden. 1826 kaufte die Stadt das Gelände und verwandelte es in den „Washington Military Parade Ground", auf dem Soldaten exerzierten. Zwischen 1849 und 1859 legte man dort einen Park an. Am nördlichen Ende entstand 1889 der Washington Square Arch zu Ehren von George Washington. In einer Winternacht des Jahres 1917 bestiegen betrunkene Künstler den Washington Square Arch und riefen Greenwich Village zur unabhängigen Republik aus. Damals war der Stadtteil noch ein richtiges Dorf abseits der Mietskasernen in der Lower East Side. Wer dort wohnte, entsagte den Zwängen der Großstadt und bekannte sich als idealistischer und vor allem unabhängiger Mensch, dem die Freiheit des Einzelnen und die Entfaltung der Kunst über alles ging. „Leben und leben lassen", hieß die Devise, besonders in den Jahren vor dem Ersten Weltkrieg, als die ersten Maler ins Village kamen. Den Malern und Bildhauern folgten Schriftsteller. Edgar Allen Poe, Henry James, Eugene O'Neill, Tennessee Williams und O'Henry verdienten sich im Village ihre ersten Sporen. In den 1960er-Jahren wurde der Washington Square zum Treffpunkt der Urban Folk Music und der protestierenden Jugend. Bob Dylan und Joan Baez sangen ihre Protestlieder im Schatten des Washington Square Arch.

GPS: 40° 43′ 51″ N, 73° 59′ 51″ W
www.nycgovparks.org

2 Greenwich Village

„Greenwich Village ist kein Dorf, sondern ein Geisteszustand", heißt es in New York. Schon die ersten Siedler im 18. Jahrhundert entwickelten eine Gelassenheit, die später zum bestimmenden Charakter für die Bewohner des Village wurde. Im 18. und 19. Jahrhundert noch eine vornehme Wohngegend, wurde es im frühen 20. Jahrhundert zum Treffpunkt der Bohème und mit seinen kleinen Theatern und Kneipen auch eine beliebte Heimat für Künstler.

GPS: 40° 44′ N, 74° 0′ W
www.nyc.com/visitor_guide

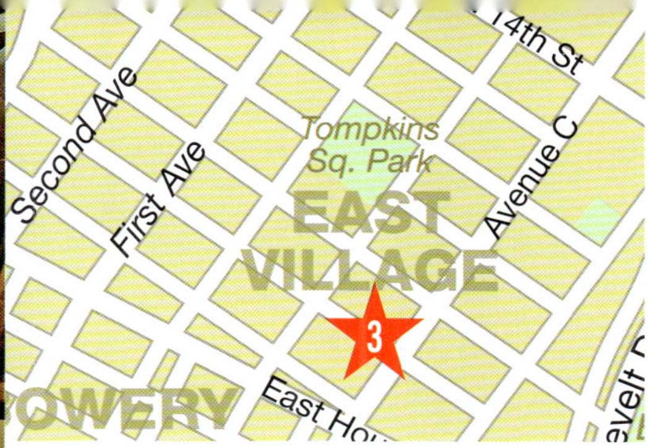

East Village 3

Der Stadtteil, eigentlich Teil der Lower East Side, wurde erst in den 1960er-Jahren von cleveren Immobilienmaklern in East Village umgetauft. In den Sechzigern hielten sich dort besonders viele Beatniks und Hippies auf, im „Electric Circus" und im „Fillmore East" spielten legendäre Bands wie die Grateful Dead, Pink Floyd und Jimi Hendrix Experience. Inzwischen ist das East Village ein trendiges Künstlerviertel mit angesagten Restaurants und Bars.

GPS: 40° 44′ N, 73° 59′ W
www.airbnb.de/locations/new-york/east-village

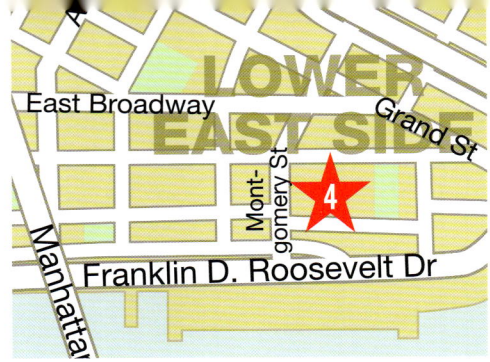

4 Lower East Side

Noch im frühen 19. Jahrhundert beherbergte das Viertel angesehene Familien und sogar Millionäre, erst einige Jahrzehnte später galt es als Armenviertel der Nation. Während der großen Einwanderungswelle zwischen 1820 und 1920 wohnten die meisten Einwanderer unter katastrophalen Bedingungen in sechs- bis siebenstöckigen Mietskasernen, sogenannten „tenements", in der Lower East Side. Sie waren in kleine, oft fensterlose Zimmer gedrängt, schliefen teilweise zu zweit und dritt in einem Bett, teilten sich baufällige Schränke, ein verrostetes Waschbecken in der Küche und die einzige Toilette auf dem Flur. Im Sommer wurde es so unerträglich heiß, dass viele Bewohner auf dem Dach schliefen. Doch die Einwanderer beklagten sich nicht. Sie waren froh, dem Terror und der Unterdrückung in Europa entkommen zu sein, und glaubten an ihre Chance, im freien Amerika ein neues Leben beginnen zu können. Die Avenue A galt als „German Broadway" und Zentrum der deutschen Einwanderer, die dort sogar riesige Bierhallen betrieben. Sechs Apartments in einem restaurierten „tenement" in 97 Orchard Street wurden wie damals eingerichtet und gehören zum Tenement Museum.

ℹ GPS: 40° 43′ N, 73° 59′ W
www.lowereastsideny.com

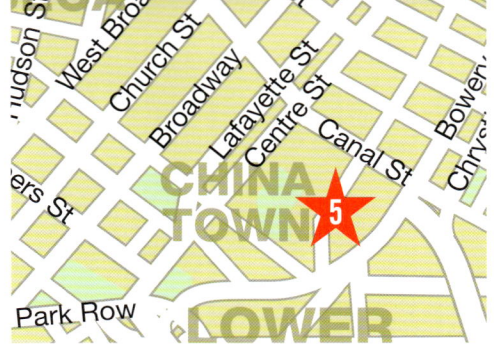

5 Chinatown

Chinatown, die chinesische Enklave südlich der Canal Street, wurde zur Heimat von über 100 000 Chinesen, die eine Stadt in der Stadt geschaffen haben, die mit dem übrigen New York kaum etwas gemein hat. Chinesische Schriftzeichen bestimmen das Straßenbild. Aus den Restaurants weht der Duft von glasierten Enten und exotischen Gemüsen. Vor den Lebensmittelläden in der Mott Street unterhalten sich Hausfrauen lautstark in Mandarin. Mit ungefähr 170 Restaurants, über 300 florierenden Textilbetrieben (dank Billiglohn) und unabhängigen chinesischen Tageszeitungen behauptet Chinatown sich als eigenständige Metropole inmitten von Manhattan und weitet sich nach allen Seiten aus. Kulturelle und religiöse Oasen findet man in der Mott Street, im Buddhist Temple of America, einem kleinen buddhistischen Tempel mit unzähligen Buddhastatuen aus Gold und Porzellan. In der Doyers Street liegt der berüchtigte „Bloody Angle", ein Kampfplatz für verfeindete Straßenbanden während der blutigen Tong-Kriege. Am farbenprächtigsten geht es in Chinatown zu, wenn das neue Jahr beginnt (am Tag des 1. Vollmonds nach dem 19. Januar). Dann ziehen feuerspeiende Drachen durch die Straßen, und über den roten Pagodendächern explodieren Feuerwerkskörper.

GPS: 40° 43′N, 74° 0′W
www.chinatown-online.com

6 Little Italy

Zu Beginn des 20. Jahrhunderts breitete sich Little Italy, der Stadtteil der italienischen Einwanderer, zwischen Bleecker, Baynard, Lafayette und Bowery aus. Die meisten Italiener kamen im späten 19. Jahrhundert nach New York, um 1920 lebten bereits knapp 400 000 Italiener in der Stadt. Vor allem in den Restaurants hat sich der ursprüngliche Charakter der italienischen Enklave bewahrt. Jeden September feiern die Italiener den Schutzheiligen von Neapel beim „Festa di San Gennaro".

GPS: 40° 43′N, 73° 59′W
www.littleitalynyc.com

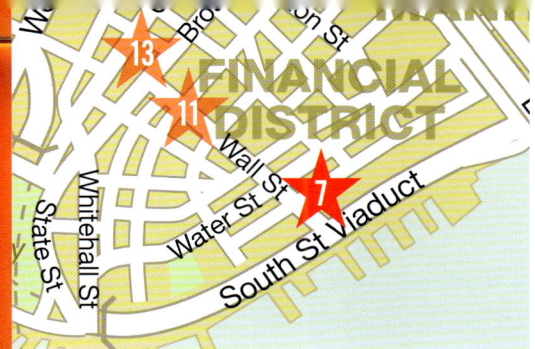

Food Carts 7

Food Carts sind angesagt in Manhattan. Keine gewöhnlichen Imbisswagen, sondern innovatives Gourmet-Fast-Food aus allen Teilen der Erde. Fantasievolle Konkurrenz für McDonald's und Starbucks und die zahlreichen Hot Dog und Pretzel Carts, die seit Jahrzehnten zum Straßenbild von Manhattan gehören. Im Finanzviertel parken besonders viele Food Carts mit Spezialitäten aus Ägypten, Italien, Mexiko, Jamaika, Korea und anderen Ländern.

newyorkstreetfood.com

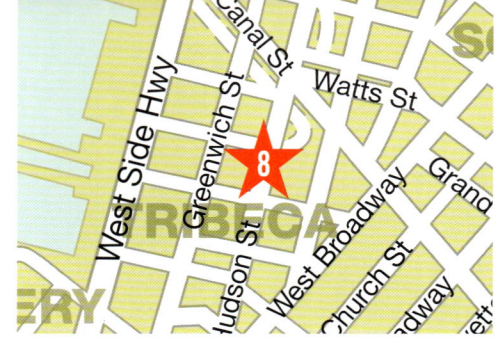

8 TriBeCa und Meat District

TriBeCa, das „Triangle Below Canal Street", das Dreieck unterhalb der Canal Street (rechte Seite), liegt in der Lower West Side und galt noch vor einigen Jahren als Viertel, das man besser nicht besuchen sollte. Durch aufwändige Renovierungen ist es inzwischen „trendy" und für einige der besten Restaurants von New York bekannt. Robert de Niro, der bekannte Schauspieler, hat sich um das neue Szeneviertel besonders bemüht und ist sogar Miteigentümer einiger Restaurants. Er war auch die treibende Kraft hinter dem „TriBeCa Film Festival", das nach 9/11 gestartet wurde. In den zu Lofts umgebauten Lagerräumen des ehemaligen Industrieviertels wohnen zahlreiche wohlhabende Künstler, die Apartments in dem Viertel gehören zu den teuersten der USA. Der Meatpacking District (unten) auf der Westseite von Manhattan gilt als neues Trendviertel. Zahlreiche Lagerhallen und Fabriken wurden in Restaurants, Kunstgalerien und Clubs umgewandelt. Das Gebiet umfasst ungefähr zwanzig Blocks zwischen dem Chelsea Market im Norden und der Gansevoort Street im Süden. Vorgänger des Distrikt war der Gansevoort Market, der 1884 in diesem Viertel eröffnete, benannt nach General Peter Gansevoort, einem Helden aus dem Unabhängigkeitskrieg.

GPS: 40° 43′N, 74° 0′W
www.manhattan.about.com/od/neighborhoodguide/p/tribecaprofile.htm

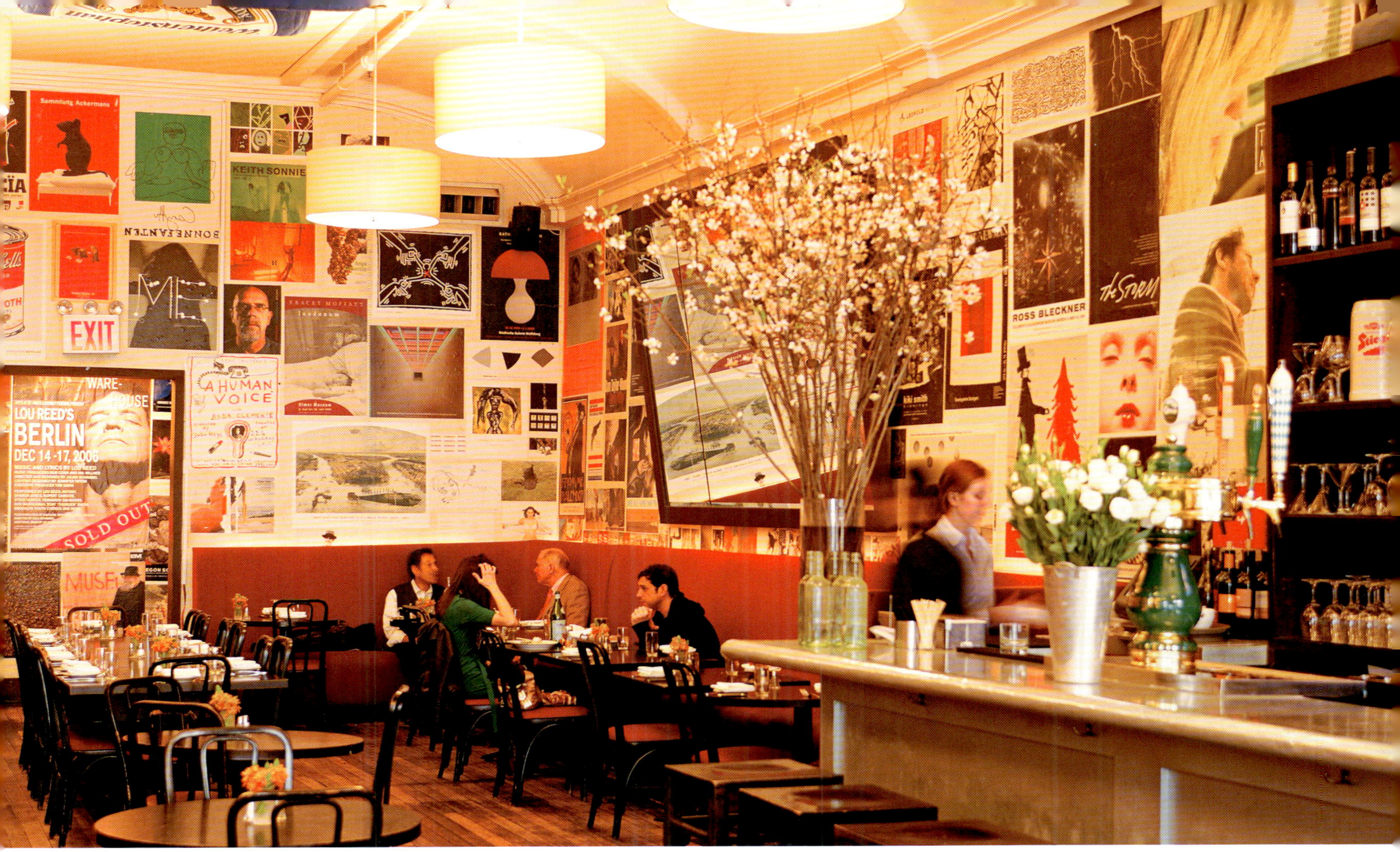
EXIT
LOU REED'S
BERLIN
DEC 14-17, 2006
SOLD OUT
A HUMAN VOICE
KEITH SONNIER
ROSS BLECKNER

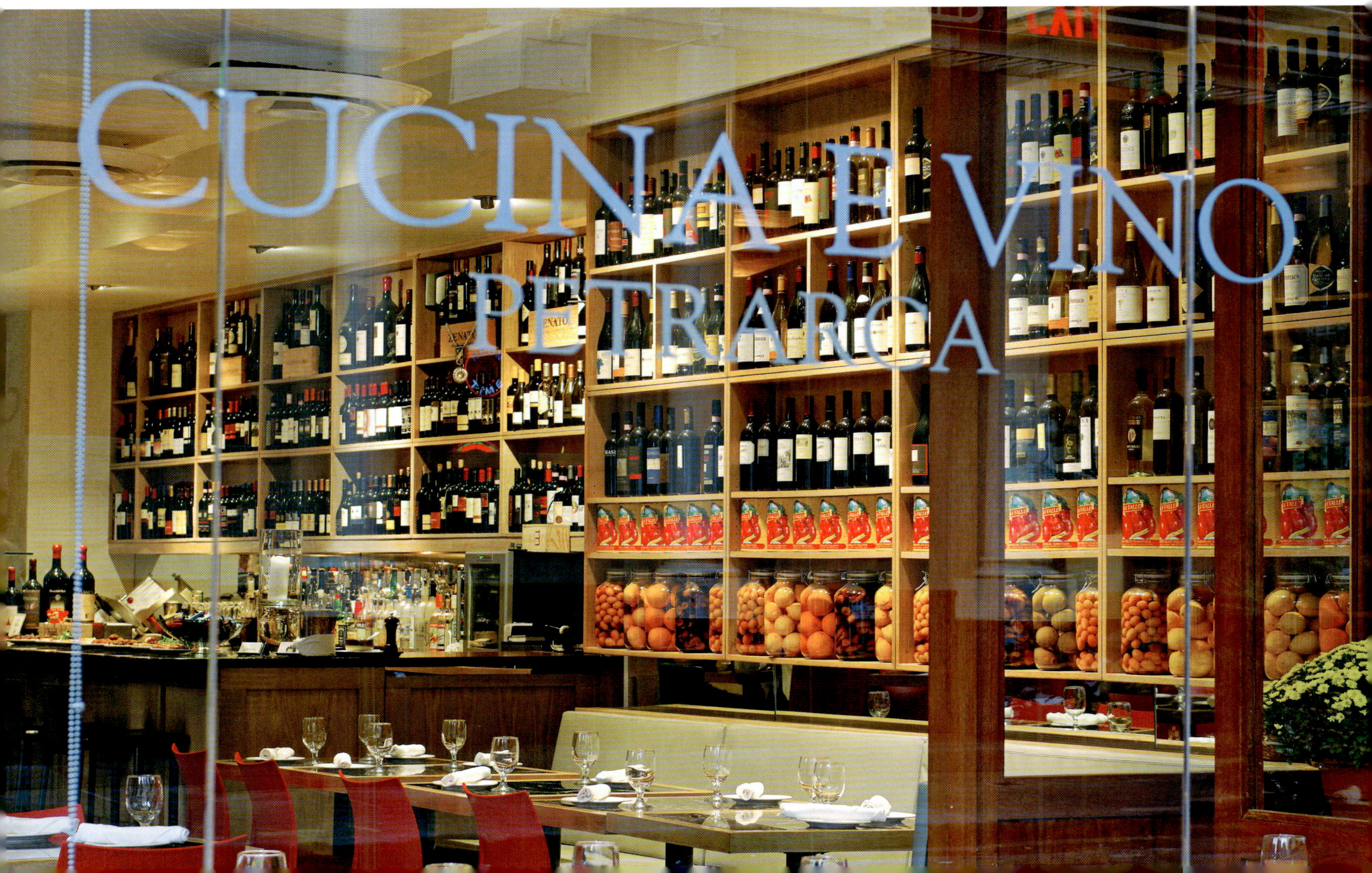
CUCINA E VINO
PETRARCA

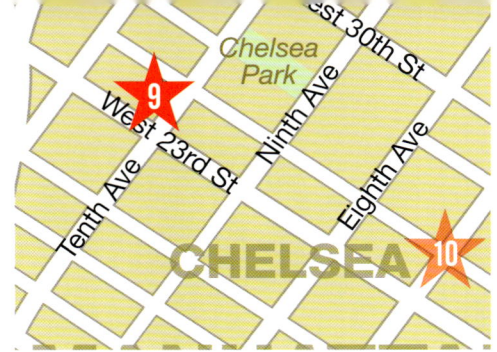

9 High Line Park

Ein ähnliches Projekt in Paris war Vorbild für den High Line Park, einen 2,33 Kilometer langen Grünstreifen auf der ehemaligen Hochbahntrasse der New York Central Railroad auf der New Yorker West Side. Der ungewöhnliche Park führt von der Gansevoort Street im Meatpacking District bis zur 30th Street in Chelsea, im ersten Teil durch die Häuserschluchten, dann durch den Hudson Yard und am Hudson River entlang. Über zweihundert Pflanzenarten, die alle in New York einmal heimisch gewesen sind, und originelle Ausblicke auf die Stadt erwarten die Besucher auf dem hochgelegten Park. Teilweise erinnern noch stillgelegte Gleise an die ursprüngliche Nutzung der Trasse. Der erste Eisenbahnzug fuhr 1934 über die High Line. Im Meatpacking District konnten die Güterzüge in den Fabriken laden. Bereits in den 1960er-Jahren wurde der südliche Teil der High Line abgerissen, der letzte Zug auf dem restlichen Teil der Trasse fuhr 1980. Die Errichtung des ungewöhnlichen Parks ist den „Friends of the High Line" zu verdanken, einer Non-Profit-Organisation.

GPS: 40° 44′ 46″ N, 74° 0′ 22″ W
www.thehighline.org

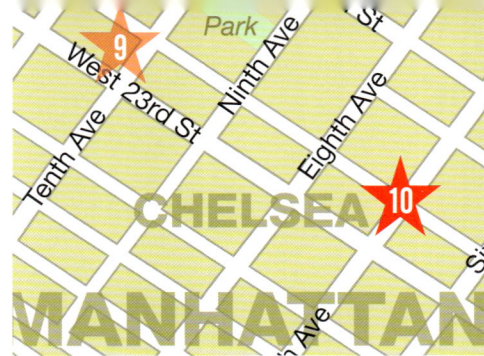

10 Chelsea

Zwischen der 14th und 34th Street, der Sixth Avenue und der Houston Street liegt Chelsea, ein Wohnviertel mit besonderem Reiz. Das hat der Stadtteil einem gewissen Clement Clarke Moore zu verdanken, der seine Grundstücke vor knapp 200 Jahren an die Stadt verkaufte und zur Auflage machte, dass sich dort keine kommerziellen Betriebe ansiedeln durften. Sogar einen Vorgarten für jedes Haus machte er zur Bedingung. Das kann man in der Cushman Row heute noch sehen. Die Häuserblocks zwischen der Ninth und Tenth Avenue und der 20th und 21th Street wurden mehrfach als New Yorks schönster Häuserblock prämiert. Chelsea war aber auch ein verruchtes Viertel mit zahlreichen Bordellen, Lieblingsort der Schriftsteller und Zentrum der jungen Filmindustrie; die 28th Street war in den 1950er-Jahren die berühmte „Tin Pan Alley" der Musikindustrie. Ein Revival der künstlerischen Szene rettete den Stadtteil vor dem Verfall. Die Chelsea Piers entstanden zu Beginn des 19. Jahrhunderts, als die ersten großen Oceanliner gebaut und dringend neue Anlegestellen gebraucht wurden. Hier sollte die Titanic anlegen. Die besten Kunstgalerien findet man in Chelsea, der selbst ernannten „Gallery Capital of the World". Im Umkreis von sieben Häuserblocks liegen über 300 Galerien. Nur noch ein Schatten seiner selbst ist das legendäre Chelsea Hotel. Das Hotel wurde renoviert und mit Hammer und Meißel seines Charakters beraubt. Vorbei die Zeiten, als man sich in den schäbigen, aber charaktervollen Zimmern mit den Geistern legendärer Musiker und Dichter unterhalten oder bei einem Joint die Sixties wiederbeleben konnte.

GPS: 40° 45′N, 74° 0′W
www.airbnb.de/locations/
new-york/chelsea

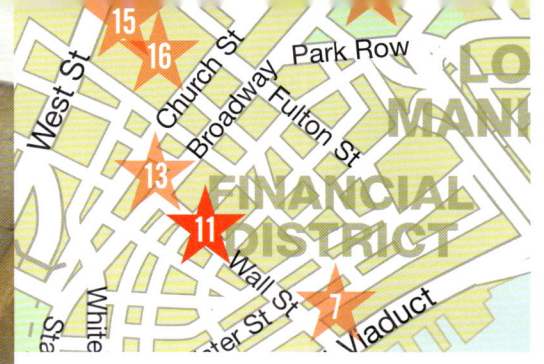

Wall Street 11

Ein Jahr nach dem Pariser Frieden (1783), der auch das Ende des Unabhängigkeitskriegs offiziell besiegelte, wurde New York zur Hauptstadt der Vereinigten Staaten gewählt – vor allem ein Verdienst von Alexander Hamilton, einem engen Vertrauten von George Washington. Er sah die Industrialisierung des amerikanischen Nordens und die Bedeutung der Stadt als internationales Finanzzentrum voraus. Sein politischer Rivale Thomas Jefferson setzte einige Jahre später die Verlegung der Hauptstadt in ein (damals noch) ländliches Gebiet durch. Als Gründungsdatum der New York Stock Exchange (NYSE) setzte man den 17. Mai 1792 fest, als sich Alexander Hamilton, der erste Finanzminister der Vereinigten Staaten, mit den wichtigsten Wertpapierhändlern unter einem Baum in der Wall Street traf und Staatsanleihen an sie verkaufte, um die immensen Schulden aus dem Unabhängigkeitskrieg zu decken. Die Stadt wurde zum Zentrum des globalen Handels. Die New Yorker Börse, die größte Wertpapierbörse der Welt, residiert in einem klassizistischen Gebäude an der Wall Street, das von George Browne Post entworfen und 1903 eröffnet wurde. Über 1500 Mitarbeiter handeln hier täglich mit mehreren Millionen Dollar, in hektischen Transaktionen wird über das Schicksal ganzer Industriezweige entschieden. Die größten Krisen erlebte die NYSE an den beiden „Schwarzen Freitagen", am 19. September 1873 und am 24. Oktober 1929. Während der Finanzkrise im September 2008 fiel der Dow-Jones-Index um 42,3 Prozent.

GPS: 40° 42' 23" N, 74° 0' 34" W
www.nyse.nyx.com

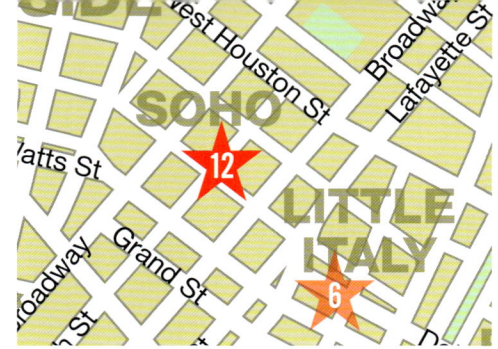

12 SoHo

SoHo steht für „South of Houston", das verwinkelte Viertel südlich der Houston Street. Bevor es seinen neuen Namen bekam, hieß die Gegend auch „Cast-Iron District". Italienische und französische Renaissance aus gegossenen Fertigteilen war billiger als das Original und gab dem Viertel um die Mitte des 19. Jahrhunderts einen gehobenen Anstrich. Die Baumeister der damaligen Zeit schätzten das Material auch wegen seiner Feuerfestigkeit und seiner größeren Widerstandsfähigkeit gegen Wind und Wetter. Zu den bekanntesten Cast-Iron Buildings in New York gehört das E. V. Haughwout Building, das 1857 von dem Architekten Daniel D. Badger errichtet wurde, einem der erfolgreichsten Vertreter der Cast-Iron-Ära. Griffin Thomas schuf das Gunther Building an der Ecke Broom und Greene Street. Es wurde 1873 fertig gestellt. Der Original-Laden C. C. Gunther's Sons gehörte einem deutschen Einwanderer, der um 1820 nach Amerika gekommen war und mit John Jacob Astor, dem „König des Pelzhandels", im Geschäft war. Heute trifft sich die Kunstszene unter den Feuerleitern und Geländern, warten Galerien und originelle Antique Shops auf Besucher, die ein anderes New York kennen lernen wollen. Die neue Avantgarde, experimentelle Künstler, progressive Musiker und ausgeflippte Modedesigner bewohnen Dachateliers und ehemals verfallene Lagerhäuser. Die interessantesten Shops warten auf der Prince Street, Spring Street und am West Broadway, ein Flea Market an der Grand Street.

GPS: 40° 43′29″N, 74° 0′0″W
www.sohonyc.com

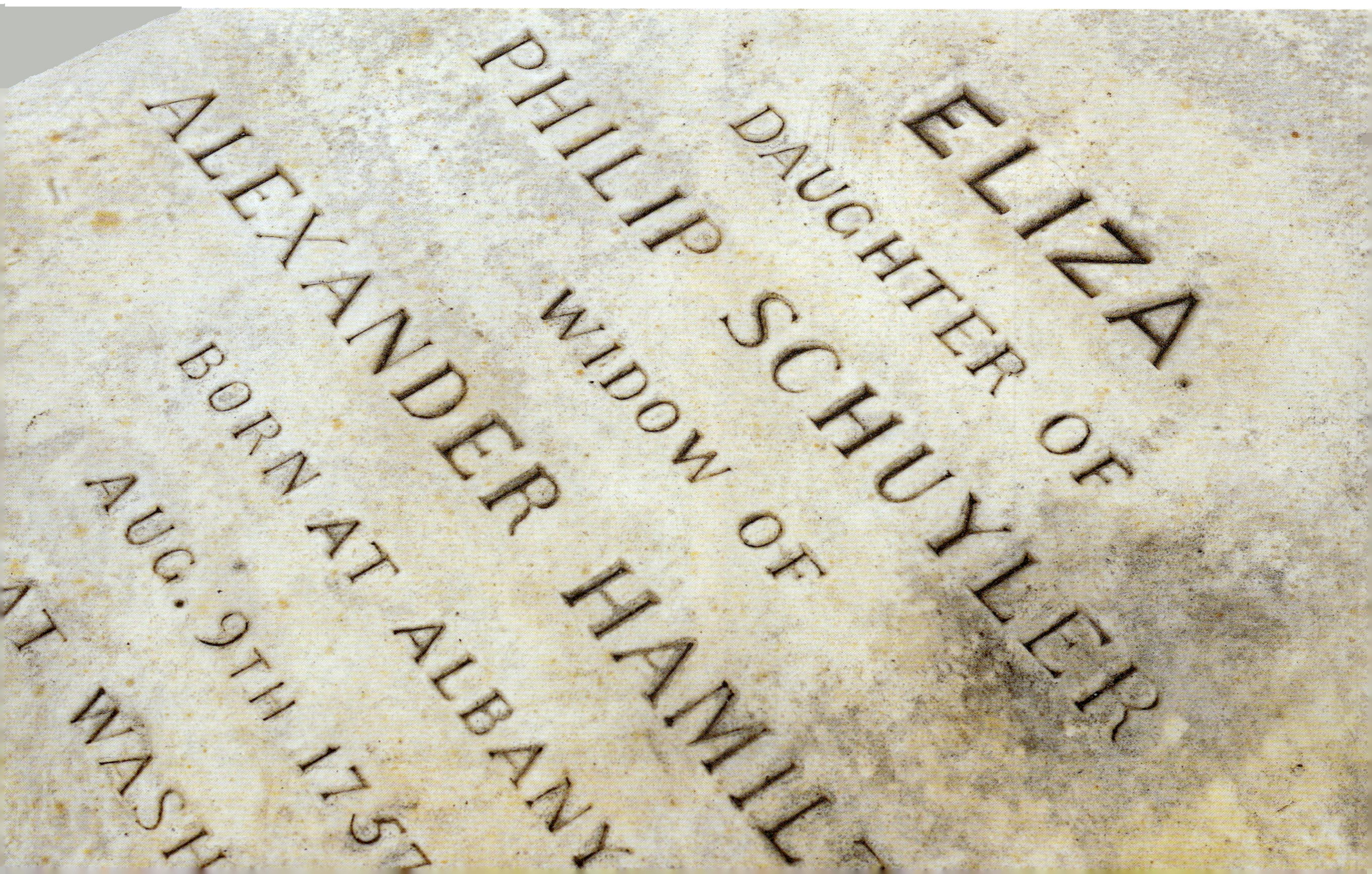

ELIZA
DAUGHTER OF
PHILIP SCHUYLER
WIDOW OF
ALEXANDER HAMILTON
BORN AT ALBANY
AUG. 9TH 1757

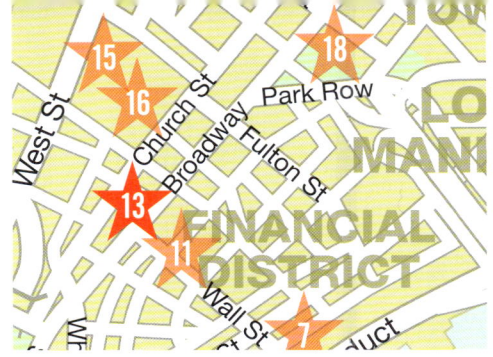

13 Trinity Church

Das Gotteshaus der Episkopalkirche erhebt sich in unmittelbarer Nähe zur Wall Street. Der heutigen Kirche gingen zwei Vorgängerbauten voraus. Die erste Trinity Church, ein eher schlichtes Gebäude mit einem Mansardendach, wurde 1698 auf einem Grundstück der Kirche von England erbaut, der berüchtigte Pirat William Kidd soll beim Bau geholfen haben. Den ersten Unterricht der 1709 gegründeten Trinity School hielt man in der Kirche ab. Während des Amerikanischen Unabhängigkeitskrieges erklärten die Königstreuen die Kirche zu einem ihrer Hauptquartiere. Die Kirche und fünfhundert andere Gebäude wurden jedoch bei einem von Revolutionären gelegten Großbrand zerstört. Die zweite Trinity Church entstand 1790 und musste während des strengen Winters 1838/39 abgerissen werden. Die dritte Kirche war 1846, im Jahr ihrer Erbauung, das höchste Gebäude der Stadt. Sie wurde von Richard Upjohn im neugotischen Stil entworfen und steht inzwischen unter Denkmalschutz. Heute steht sie im Schatten der Wolkenkratzer. Die verzierten Bronzetüren sollen an Lorenzo Ghibertis Türen der Taufkirche in Florenz erinnern. Am 9. Juli 1976 besuchte Queen Elizabeth II. die Kirche. Vor der Trinity Church, die während des Terrorangriffs auf das World Trade Center als Refugium für verstörte Bürger diente, entstand auf den Wurzeln eines Baumes, der durch Trümmer des einstürzenden World Trade Centers zerstört wurde, die Skulptur „Trinity Root". Auf dem Friedhof der Kirche liegen Alexander Hamilton, der erste Finanzminister der USA, und der Dampfschiff-Erfinder Robert Fulton. Ein Museum zeigt die Entwicklung von New York und die Geschichte der Trinity-Gemeinde.

GPS: 40° 42′ 30″ N, 74° 0′ 45″ W
www.trinitywallstreet.org

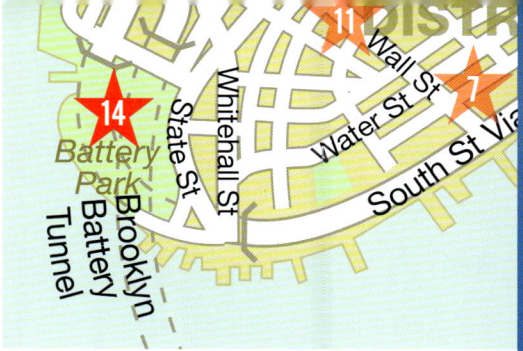

14 Battery Park

Die Battery liegt im äußersten Süden von Manhattan und ist Ausgangspunkt für die Sightseeing Cruises zur Freiheitsstatue und nach Ellis Island. Der Name geht auf die holländischen Geschütze zurück, die während der Kolonialzeit an der Küste postiert waren. Die benachbarte Battery Park City mit den Bürotürmen des World Financial Centers erstreckt sich auf künstlich aufgeschüttetem Land, das durch den Aushub des World Trade Centers entstand. Zusammen mit dem Hudson River Park erstrecken sich die Grünflächen bis zum Hudson River. Im Park liegt das Castle Clinton National Monument, ein ehemaliges Fort, das zum Schutz gegen die Engländer errichtet wurde. Im Dezember 2005 fand man die Überreste einer alten Befestigungsmauer, angeblich der ältesten in Manhattan. Während des 19. Jahrhunderts war Castle Garden, wie es damals genannt wurde, ein beliebter Biergarten. Battery Park galt als vornehme Gegend und Anlegestelle für Segelschiffe, die hier Schießpulver luden und ihre neuen Crews an Bord nahmen. Viele Schaulustige kamen, um die Shanties der abreisenden Seeleute zu hören. Mit der ersten großen Einwanderungswelle wurde Castle Garden geschlossen und diente nun – bis zur Eröffnung von Ellis Island – als Ankunftsgebäude für die Einwanderer. Inzwischen steht es unter Denkmalschutz. Ebenfalls im Battery Park, nur wenige hundert Meter vom ehemaligen World Trade Center entfernt, ragt die zerbeulte „The Sphere" zwischen den Bäumen empor, ein Kunstwerk, das zum Denkmal der sinnlosen Zerstörung geworden ist.

GPS: 40° 42′ 10″ N, 74° 0′ 57″ W
www.thebattery.org/the-battery

15 One World Trade Center

Über dem Fundament der eingestürzten Twin Towers entsteht ein neues World Trade Center, dessen erster Turm bereits fertig gestellt wurde. Ursprünglich als „Freedom Tower" geplant, firmiert er inzwischen unter dem schlichten Namen „One World Trade Center". Unter dieser Bezeichnung, so glaubt man, lassen sich die Büros leichter vermieten. Der gläserne Büroturm, von David Childs auf der Grundlage eines Entwurfs von Daniel Libeskind gestaltet, erinnert mit seiner symbolischen Gesamthöhe vom 1776 Fuß (541,32 Meter) an das Jahr der amerikanischen Unabhängigkeitserklärung. Vom ursprünglichen Entwurf, einem sich um die eigene Längsachse nach oben verjüngenden Turm, blieben nur diese symbolischen Zahlen übrig. Dass es mit dem Bau nur sehr zäh voranging, lag an der mangelnden Finanzkraft eines Investors und der weltweiten Finanzkrise. Der Grundstein wurde am 4. Juli 2004, dem amerikanischen Unabhängigkeitstag, gelegt und trägt die Namen aller Opfer. Um das Schmelzen von Metall wie beim Einsturz der Twin Towers zu vermeiden, verwendete man einen extrem harten Spezialstahl. Die Fenster sind bombensicher, die Flure breit genug, um eine rasche Evakuierung zu ermöglichen, das Klimasystem ist gegen Giftgasanschläge gesichert. Die Türme 2, 3 und 4 folgen in den nächsten Jahren und werden schon jetzt als Bereicherung der Skyline angesehen.

GPS: 40° 42′ 47″ N, 74° 0′ 49″ W
www.onewtc.com

9/11 Memorial 16

Am 11. September 2001 hielt die Welt den Atem an. Als Teil eines heimtückischen Angriffs auf die wirtschaftlichen und politischen Zentren der USA steuerten Mitglieder der Terrororganisation Al-Qaida zwei vollbesetzte Verkehrsflugzeuge in die Zwillingstürme des World Trade Centers. Um 8 Uhr 46 schlug der Flug American Airlines 11 im Nordturm des World Trade Centers ein, um 9 Uhr 3 raste eine zweite Maschine (United Airlines 175) in den Südturm. Die vollgetankten Maschinen wirkten wie riesige Brandbomben und setzten mehrere Stockwerke in Brand. In New York rief man den Ausnahmezustand aus. Ein Heer von Polizisten und Feuerwehrmännern schwärmte aus, um die Eingeschlossenen zu befreien. Doch ihre Anstrengungen waren vergeblich. Um 9 Uhr 59 stürzte der Südturm ein und begrub nicht nur die Eingeschlossenen, sondern auch zahlreiche Feuerwehrleute unter den Trümmern. Um 10 Uhr 28 folgte der Nordturm. Über 2700 Menschen starben. Am 11. September 2011, zehn Jahre nach den Terroranschlägen auf das World Trade Center, wurde das National 9/11 Memorial feierlich eröffnet, eine unterirdische Gedenkstätte. In einem Museum wird der Katastrophe gedacht.

GPS: 40° 42′ 42″ N, 74° 0′ 49″ W
www.911memorial.org

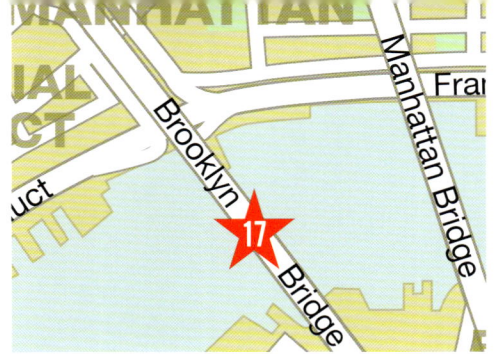

17 Brooklyn Bridge

Verantwortlich für die Planung der Brücke war der deutsche Architekt John August Roebling. Die Idee, eine Brücke über den East River zu bauen, kam ihm, als er mit der Fähre im vereisten Fluss steckenblieb. „Ich will ein amerikanisches Nationaldenkmal schaffen", verkündete er, als er die Pläne seines kühnen Vorhabens präsentierte. Leider starb er schon kurz nach Baubeginn bei einem Unfall. Die legendäre Brücke, eines der einprägsamsten Wahrzeichen der Stadt, überspannt den East River und verbindet Manhattan und Brooklyn. Sie wurde am 24. Mai 1883 nach sechzehnjähriger Bauzeit in Anwesenheit von Präsident Chester A. Arthur eröffnet. Emily Roebling, die Schwiegertochter des Baumeisters, durfte als erste über die imposante Brücke gehen. Heute gehört ein Spaziergang über die Brooklyn Bridge zu den Highlights in New York. Ohne Zufahrten ist sie 1052 Meter lang. Bereits am Eröffnungstag überquerten über 150 000 Menschen die Brücke. Um skeptische Zeitgenossen von der Stabilität des Bauwerks zu überzeugen, schickte der Barnum Circus eine ganze Elefantenherde über die Brücke. Die Brooklyn Bridge war die erste Hängebrücke, für die Stahlseile verwendet wurden, insgesamt verarbeitete man 24 000 Kilometer Draht. Sie hat eine Gesamtlänge von 1825 Metern.

GPS: 40° 42′21″ N, 73° 59′48″ W
www.nycroads.com/crossings/brooklyn

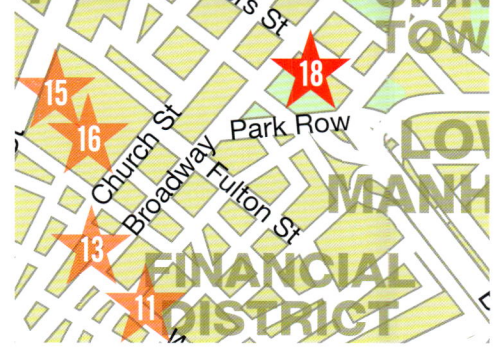

18 City Hall

Südlich von Chinatown, im Westen durch den Broadway und im Osten durch den East River begrenzt, erstreckt sich das Civic Center mit zahlreichen öffentlichen Gebäuden wie dem Rathaus. Die City Hall ist das älteste Rathaus der USA, in dem tatsächlich noch eine Stadtverwaltung beheimatet ist. Es wurde zwischen 1803 und 1812 von Joseph F. Mangin und John McComb im französisch-klassizistischen Stil erbaut und besitzt eine Fassade aus Alabama-Sandstein. Ursprünglich hatten die Architekten ein wesentlich extravaganteres Gebäude und eine Fassade aus Marmor geplant, mussten aber wegen der zu hohen Kosten zurückstecken und auch die Größe des Gebäudes reduzieren. Im Governor's Room im ersten Stock residierte im 19. Jahrhundert der Gouverneur des Staates, eigentlich in Albany zu Hause, wenn er auf Besuch in New York City war. An den Wänden erinnern Porträts an bekannte New Yorker, der antike Schreibtisch gehörte einst George Washington. 1861 wurde der ermordete Präsident Abraham Lincoln in der City Hall aufgebahrt. Unter der City Hall liegt die City Hall Station, Endstation der ersten New Yorker U-Bahn IRT von 1904.

GPS: 40° 42′ 46″ N, 74° 0′ 21″ W
www.aviewoncities.com/nyc/cityhall.htm

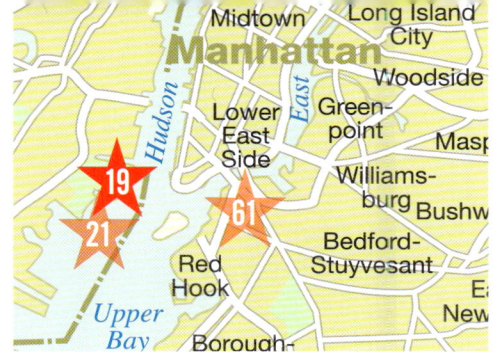

19 Ellis Island

Die Hoffnung, in New York einen besseren Lebensstandard zu erlangen, führte im 19. Jahrhundert zu einer Flut von Einwanderern, die vor allem aus Irland, Deutschland und Osteuropa in die Neue Welt strömten. Die Hungersnot in Irland, die Judenpogrome in Russland und soziale und politische Spannungen ließen ihnen keine andere Möglichkeit, als in Amerika einen Neuanfang zu wagen. Auf Ellis Island, einem ehemaligen Munitionsdepot auf der Manhattan vorgelagerten Insel, wurden zwischen 1892 und 1954 alle Immigranten überprüft. Über fünfzehn Millionen Menschen wanderten über Ellis Island nach Amerika ein, mussten sich in dem roten Backsteinbau einer mehrteiligen Prüfung (Gesundheit, Gewissen, Papiere) unterziehen, bevor sie den begehrten Stempel erhielten. Das Immigration Museum erinnert an diese Prozedur. Vom Gepäckraum bis in den zweiten Stock, wo die medizinischen Untersuchungen stattfanden, folgt man dem Weg der Einwanderer. Im Registry Room warteten täglich über 5000 Menschen auf ihre Abfertigung. Über 2,5 Millionen kamen aus Italien, fast zwei Millionen aus Russland und immerhin knapp 700 000 aus Deutschland. Zwei Prozent der Bewerber wurden abgelehnt, 3000 enttäuschte Menschen begingen Selbstmord, weil sie nicht mehr in ihre Heimat zurückkehren wollten.

GPS: 40° 41′ 55″ N, 74° 2′ 24″ W
www.ellisisland.org

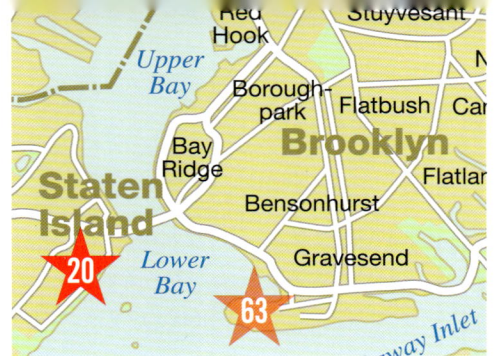

20 Staten Island Ferry

Staten Island, südwestlich von Manhattan auf einer Insel gelegen, ist der kleinste der New Yorker Boroughs. Er ist mit Brooklyn durch die Verrazano Narrows Bridge verbunden, zwischen Manhattan und der Insel verkehrt die Staten Island Ferry, von der man einen großartigen Blick auf die New Yorker Skyline hat. Und das Beste: Die Fahrt ist umsonst. Auf der Insel befinden sich zahlreiche Schiffswerften und Erdölraffinerien. Historic Richmond Town ist ein historisches Museumsdorf auf Staten Island und erinnert an die Vergangenheit der Insel von der Kolonialzeit bis zur Gegenwart. Als „Zeitreise" durch die verschiedenen Epochen von Staten Island verstehen die Gründer ihr Projekt. Insgesamt 27 Gebäude, darunter ein General Store von 1860, erinnern an die bewegte Geschichte. Das Snug Harbor Cultural Center vereint Museen, Theater und Gärten zu einem einmaligen kulturellen Zentrum auf historischem Boden. Zu Beginn des 20. Jahrhunderts gab es dort ein Krankenhaus, ein Sanatorium, eine Kapelle, einen Bäcker, Metzger und eine Farm. Einige Gebäude gleichen griechischen Tempeln. Seit den 1960er-Jahren steht Snug Harbor unter Denkmalschutz.

www.siferry.com

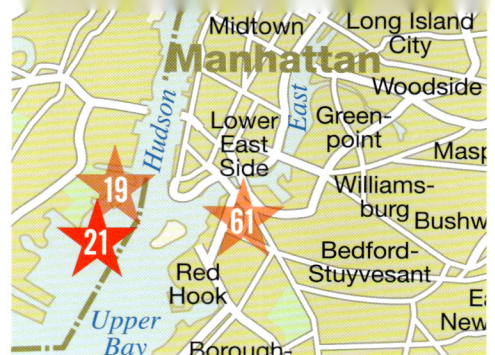

Statue of Liberty 21

Das berühmteste Denkmal der USA kommt aus Frankreich: Auf einer Dinner Party, die 1865 in Paris stattfand, wetterten der politische Aktivist Édouard René Lefebvre de Laboulaye und der Bildhauer Frédéric-Auguste Bartholdi gegen Napoleon III. Sie wollten dem selbstgefälligen Herrscher ordentlich eins auswischen und kamen auf die Idee, die Amerikaner mit einer Statue zu beschenken. Weil die ehemaligen Feinde der Kolonialmacht das Gedankengut der Französischen Revolution im Unabhängigkeitskrieg hochgehalten hatten und eine solche Geste die eigene Regierung brüskieren würde. Ausgerechnet der Koloss von Rhodos stand Pate für die freiheitsliebende Lady, die zerlegt und in mehreren Kisten nach Amerika geschafft wurde. Dort versauerte sie in einem Lagerraum. Es fehlten 100 000 Dollar für den schweren Sockel. Bis die „New York World" eine Kampagne startete und ihren Lesern das Geld aus den Taschen zog. Am 28. Oktober 1886 wurde die Statue of Liberty auf Bedloe's Island im New Yorker Hafen enthüllt, sehr zur Begeisterung von Präsident Grover Cleveland, der die feierliche Eröffnungsrede hielt. Die Statue ist 46,05 Meter hoch, hat 3,05 Meter Kopfbreite (von Ohr zu Ohr), ihr Zeigefinger misst 2,44 Meter, die Nase immerhin 1,40 Meter. Das Fundament wiegt stolze 24 000 Tonnen. Unter dem Kleid verbirgt sich ein Stahlgerüst, das von dem Eisenbahningenieur Alexandre Gustave Eiffel errichtet wurde. Derselbe Monsieur Eiffel, der weltberühmt für seinen Eiffelturm wurde. 250 000 Dollar wurden für das schmucklose Gerüst bezahlt. Den Blick aus der Krone muss man teuer bezahlen: 354 Stufen führen zum Kopf der Lady, genauso gut könnte man ein 22-stöckiges Gebäude erklimmen!

GPS: 40° 41′ 21″ N, 74° 2′ 40″ W
www.nps.gov/stli/index.htm

MIDTOWN

Midtown erstreckt sich zwischen der 14th Street und dem Central Park und bildet den geschäftigen Mittelpunkt von New York. Hier schlägt das Herz von New York am lautesten: Riesige Wolkenkratzer, hastende Menschen auf der 42nd Street, flackernde Lichter am Times Square. Der erste Wolkenkratzer von New York wurde bereits 1902 erbaut. In den frühen 1930er-Jahren entstanden berühmte Art-Déco-Wolkenkratzer wie das Empire State Building und das Chrysler Building, dessen eigenwillige Formen und die schuppenartige Metallspitze dem aufregenden Design der Chrysler-Straßenkreuzer nachempfunden wurden. Das Empire State Building ist eines der schönsten Gebäude: Die Einkaufspassage ist marmorverkleidet und erstrahlt im nostalgischen Art-Déco-Glanz, von der Aussichtsplattform hat man einen gigantischen Blick. Der „Freedom Tower" des neuen World Trade Center bildet einen neuen Gegenpol zu dem historischen Wolkenkratzer. Während sich Manhattan nach Norden ausbreitete, machten sich Theater und Music Halls am Broadway breit.

TIMES SQUARE

Bis in die 1940er-Jahre durfte nur an den Häusern im Nordteil des Times Square geworben werden, erst in den 1950ern erstrahlten die Lichter an jeder Hauswand. Weltberühmt wurde der überlebensgroße Camel-Mann, der auf einer Reklametafel am Claridge Hotel prangte und Rauchwolken über den Times Square blies. Pepsi-Cola

Immer wieder beeindruckend: die Skyline von Manhattan (oben). Die Fifth Avenue bringt das New Yorker Herz zum Schlagen – ein aufregender und sündhaft teurer Boulevard mit den bekanntesten Shopping-Paradiesen der Welt. Vor dem Rockefeller Center wacht Prometheus. Vom Empire State Building blickt man über ganz Manhattan mit seinen tiefen Straßenschluchten.

Fifth Avenue **Prometheus** **Empire State Building**

ließ einen Wasserfall über ein Kaufhaus niedergehen, bevor es von der Coca-Cola-Konkurrenz vertrieben wurde. Bergab ging es mit dem Times Square während der Depression in den 1930ern und Mitte der 1960er-Jahre. Adult Theatres und Go-Go-Bars machten sich breit, und diese zogen Taschendiebe, Drogendealer und leichte Mädchen an. Der Times Square wurde zu einer der gefährlichsten Gegenden der Stadt und zum Symbol des Niedergangs von New York bis in die 1990er-Jahre. Bürgermeister Rudolph Giuliani begann Mitte der 1990er-Jahre mit der Säuberung des Platzes. Im Zuge eines Immobilienbooms wurden Gebäude restauriert, der Platz neu asphaltiert, und der historische Times Tower verglast und zu einer riesigen elektronischen Plakatsäule umfunktioniert. Zahlreiche Konzerne ließen sich am Times Square nieder und sorgten mit ihren Reklametafeln für ein leuchtendes Spektakel.

FIFTH AVENUE

Immer schon für Reiche reserviert: die Fifth Avenue, ein aufregender und sündhaft teurer Boulevard mit den bekanntesten Shopping-Paradiesen der Welt. Von einer Rampe umgeben ragt die Grand Central Station aus der 42nd Street, ein imposantes Gebäude im Beaux-Arts-Stil. In demselben Stil wurde die Public Library erbaut. Seit 1911 residiert die Hauptbibliothek in einem monumentalen Gebäude an der Fifth Avenue. Das Rockefeller Center, eine Stadt in der Stadt mit Büros, Läden und Restaurants, wurde zwischen 1930 und 1940 von John D. Rockefeller Jr. erbaut.

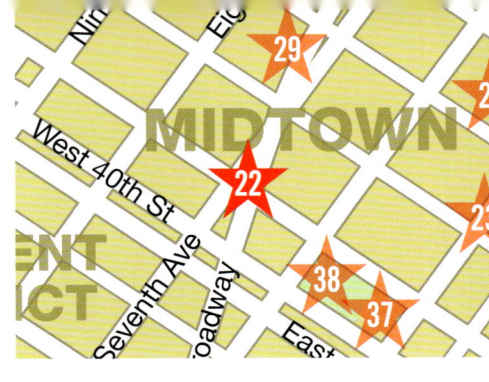

22 Times Square

Das Herz von New York schlägt am Times Square. Aus dem ehemaligen Sündenpfuhl der Metropole ist eine keimfreie Konsumfläche á la Orlando geworden. Gewaltige Shopping-Komplexe und Theme Restaurants bestimmen den ehemaligen Schmuddelplatz. Verschwunden sind Taschendiebe, Drogendealer und leichte Mädchen, fast schon vergessen die „Triple X"-Reklamen der Pornoläden und Peep-Shows. Der Times Square gehört wieder den New Yorkern. Um 1900 ging es auf dem Platz noch ländlich zu. Der Times Square hieß Long Acre, war ein Abstellplatz mit Pferdeställen und Scheunen. Erst 1904 bekam er den Namen Times Square, zu Ehren der damals schon angesehenen „New York Times", die dort ein riesiges Bürohaus errichten ließ. Seit 1928 flackern Nachrichten aus aller Welt über das berühmte Laufband an der Fassade. Die Redaktion ist in die 43nd Street umgezogen. An Silvester wird der Times Square zum Rummelplatz. Pünktlich zur Jahreswende wird ein riesiger Apfel vom Dach des ehemaligen Times Tower herabgelassen – eine Anspielung auf den Spitznamen von New York: Big Apple. Das Spektakel wird vom amerikanischen Fernsehen live übertragen.

GPS: 40° 45′ 21″ N, 73° 59′ 11″ W
www.timessquarenyc.org/index.aspx

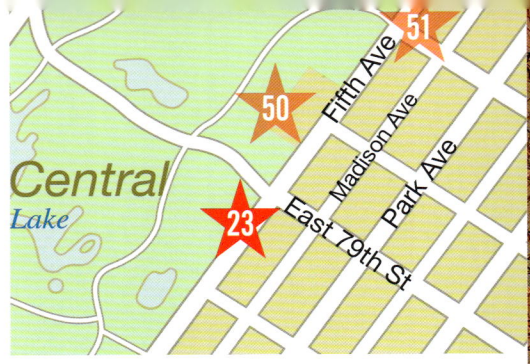

23 Fifth Avenue

Die Fifth Avenue, die Prachtstraße der Stadt, beginnt am Washington Square im Greenwich Village und führt durch Midtown, am Central Park entlang durch die Upper East Side bis zum Harlem River an der 142nd Street. Zwischen der 34th und 59th Street liegt die weltberühmte Shopping-Meile mit den Flagship Stores bekannter Marken wie Tiffany, Cartier, Armani, Prada, Chanel, Escada und Versace. Als exklusiv galt die Fifth Avenue bereits 1862, als der Millionär John Jacob Astor seine Villa an der Straße erbauen ließ.

GPS: 40° 46′ 28″ N, 73° 57′ 56″ W
www.visit5thavenue.com

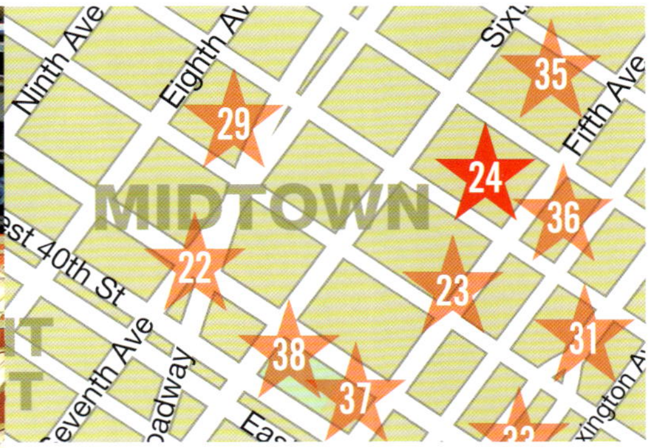

Diamond District 24

Im Diamond District an der West 47th Street zwischen Fifth Avenue und Sixth Avenue liegen glitzernde Juwelen und Diamanten in den Auslagen. Die Ballung von exklusiven Geschäften entstand, als sich die Händler aus der Canal Street nahe der Bowery und dem Financial District nach Norden orientierten. Während des Zweiten Weltkriegs flohen zahlreiche orthodoxe Juden, die in Antwerpen und Amsterdam mit Diamanten gehandelt hatten, nach New York.

GPS: 40° 45′ 24″ N, 73° 58′ 42″ W
www.diamonddistrict.org

25 Rockefeller Center

Der riesige Komplex mit neunzehn Gebäuden zwischen der 48th und 51st Street wurde zwischen 1930 und 1940 im Auftrag von John D. Rockefeller Jr. erbaut und steht seit 1987 unter Denkmalschutz. In den Wolkenkratzern sind Büros, Fernsehstudios, Restaurants und Läden untergebracht. Eines der Gebäude sollte ursprünglich „Deutsches Haus" heißen, wurde aber nach Hitlers Einmarsch in Polen in „International Building North" umbenannt. Am bekanntesten ist das GE Building (früher: RCA Building), das dem Fernsehsender NBC gehört. In seinem Schatten ragt die Prometheus-Statue von Paul Manship empor. Am Rande der Eisbahn wird jedes Jahr nach Thanksgiving der berühmte Weihnachtsbaum beleuchtet. In der Radio City Music Hall finden Konzerte und andere Events statt. Als „Showplace of the Nation" ging sie in die Geschichte ein. Der Entertainment-Komplex eröffnete im Dezember 1932 im Rockefeller Center mit einer Bühnenshow, die Vaudeville und Variety nach New York zurückbringen sollte. Schon ein Jahr später wurde aus dem Art-Déco-Gebäude eines der führenden Kinos des Landes, hier fanden alle Uraufführungen des RKO-Radio-Studios statt. Mit 5933 Sitzen war es damals das größte Kino der Welt. Mit Filmen und Bühnenshows blieb die Radio City Music Hall bis 1979 erfolgreich, seit 1980 finden dort vornehmlich Bühnenshows und Konzerte statt. Zu den Highlights gehörten zahlreiche Preisverleihungen wie die Grammys und Tonys, Konzerte von Elton John und Latino-Star Luis Miguel und die jährlich stattfindenden Radio City Music Hall Christmas Shows, eine Tradition seit 1933.

GPS: 40° 45′32″N, 73° 58′45″W
www.rockefellercenter.com

Top of the Rock 26

Nach einer zwanzigjährigen Pause wurde die Aussichtsplattform des Rockefeller Centers am 1. November 2005 wiedereröffnet. Von 1933 bis 1986 hatte die im 70. Stock des General Electric Buildings gelegene und wie das Deck eines Oceanliners gestaltete Plattform zu den attraktivsten Aussichtspunkten in Manhattan gehört. Zu den ersten Besuchern gehörte John D. Rockefeller Jr., der eine führende Rolle bei der Durchführung und Finanzierung des Projektes gespielt hatte. John D. Rockefeller Sr. (1839–1937) war der reichste Mann, der jemals in den USA gelebt hat, und der Begründer einer Dynastie, deren Einfluss bis in die Gegenwart zu spüren ist. Sein Geld machte der Sohn einer armen Arbeiterfamilie mit Öl. Bereits als 19-Jähriger gründete er eine eigene Firma. Dank eines Partners, der über bedeutende Patente zur Raffinierung verfügte, war er einer der wenigen Unternehmer weltweit, der reinstes Benzin herstellen konnte. Um sich das Monopol zu sichern, kaufte er Konkurrenten unter einem Decknamen auf und schreckte auch nicht vor skrupellosen Methoden zurück, um die uneingeschränkte Macht zu erlangen.

GPS: 40° 45′32″N, 73° 58′45″W
www.topoftherocknyc.com

Midtown, das klassische Manhattan der Wolkenkratzer und belebten Avenues, grenzt im Norden an die Wohngebiete der Upper West Side und Upper East Side und reicht von der 66th Street bis zur 25th Street nördlich von Chelsea.

27 Empire State Building

Ohne King Kong wäre das Empire State Building nur ein Wolkenkratzer wie jeder andere. Unvergessen die Klettertour des legendären Riesenaffen, als er vor seinen Verfolgern auf das Dach des riesigen Gebäudes klettert und sich gegen angreifende Doppeldecker wehren muss. Nur weil er sich seiner geliebten weißen Frau zuwendet und sie aus der Gefahrenzone bringt, reißen ihn die Kugeln in die Tiefe. Eine der dramatischsten und innovativsten Szenen in dem Filmklassiker „King Kong und die weiße Frau". Mit dem Bau wurde am 17. März 1930 begonnen. Über 3400 Arbeiter, darunter schwindelfreie Mohawk-Indianer, schafften den Bau in der Rekordzeit von etwas über einem Jahr. Am 1. Mai 1931 eröffnete US-Präsident Herbert Hoover das Empire State. Mit 103 Stockwerken und 443,2 Metern Höhe gehört der imposante Bau noch immer zu den höchsten Gebäuden der Welt. Über 20 000 Menschen arbeiten in den Büros und Läden. Es gibt 6500 Fenster, 73 Aufzüge, das Wasser fließt durch ein siebzig Meilen langes Röhrensystem. Der Stahlrahmen des Hochhauses wiegt 60 000 Tonnen. Eine besonders beeindruckende Zahl: Monatlich werden 100 Tonnen Abfall aus dem Empire State Building abtransportiert. Der 102. Stock war ursprünglich als Landeplattform für Luftschiffe gedacht, nach einigen Versuchen musste man den Plan aber wegen der gefährlichen Aufwinde verwerfen. Die Einkaufspassage im Parterre ist marmorverkleidet und erstrahlt im Art-Déco-Glanz. Zur Spitze kommt man in zwei Aufzügen. Der erste führt zur Aussichtsplattform in der 86., der zweite zur 102. Etage. Zum Verhängnis wurde das Empire State Building einem Bomberpiloten, der 1945 mit seiner B-25 in das 79. Stockwerk krachte.

GPS: 40° 44′ 54.3″ N, 73° 59′ 9″ W
www.esbnyc.com

Seit der Fertigstellung des 1 WTC wieder der zweithöchste Wolkenkratzer der Stadt: Das Empire State Building ragt aus dem Häusermeer von Manhattan empor. Das Gebäude wurde ausgerechnet während der Weltwirtschaftskrise gebaut.

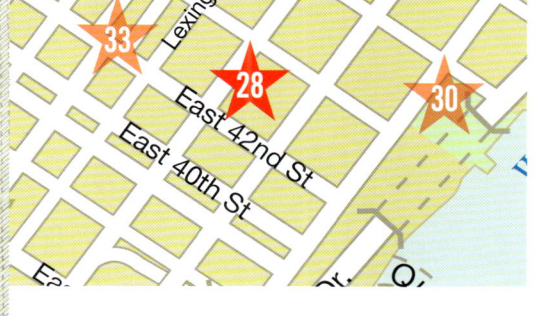

Chrysler Building 28

Der Wolkenkratzer, für den Autobauer Chrysler im Art-Déco-Stil erbaut und im Mai 1930 eingeweiht, wurde dem aufregenden Design der Chrysler-Straßenkreuzer nachempfunden. Sogar gigantische Ausgaben der Kühlerfiguren eines 29er Plymouth mussten an dem 319 Meter hohen Gebäude angebracht werden. Zahlreiche Details wurden Radkappen, Kotflügeln und Kühlerfiguren nachempfunden. In der Lobby wird mit verchromtem Stahl und afrikanischem Marmor geprotzt. Die schuppenartige Krone aus rostfreiem Stahl wurde heimlich montiert und von einem Kran am Stück aufgesetzt – nur deshalb durfte sich das Chrysler Building vierzig Tage als höchster Wolkenkratzer der Welt feiern lassen. Ohne Art-Déco wären die Wolkenkratzer der 1930er- und 1940er-Jahre gar nicht denkbar gewesen. Erst die Ornamente dieses damals revolutionären Jugendstils verliehen dem Empire State Building und anderen Wolkenkratzern das stromlinienförmige Aussehen und die Dynamik, die sie auch heute noch aus dem Häusermeer von New York herausstechen lassen. Der Art Déco Style verdankt seinen Namen einer Ausstellung in Paris. Die „Exposition Internationale des Art Décoratifs et Industriels Modernes", die 1925 in Frankreich veranstaltet wurde, setzte neue Maßstäbe für die Architektur der USA, war aber auch ein Wiederaufleben bekannter Stilmittel. Die verspielten Blumenmotive waren ein wichtiges Element im Wiener Jugendstil gewesen, andere Formen wurden von mittelamerikanischen und ägyptischen Hochkulturen übernommen. Die Stromlinienform fand sich ebenfalls im damals progressiven Styling amerikanischer Straßenkreuzer wieder.

GPS: 40° 45′6″N, 73° 58′33″W
www.de.wikipedia.org/wiki/Chrysler_Building

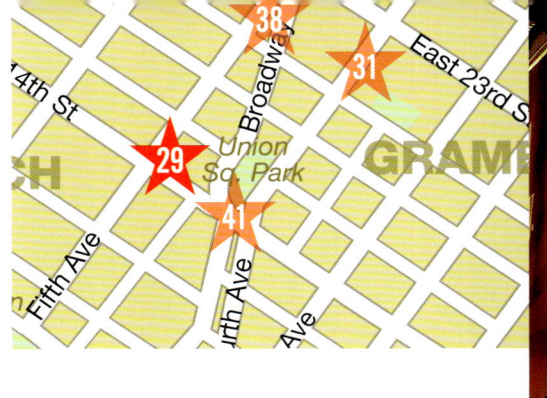

29 Broadway

Die Broadway-Ära begann Anfang des 20. Jahrhunderts, als immer mehr Theater in der Gegend um den Times Square eröffneten. Bereits 1893 war das Empire Theater vom Herald Square zum Broadway umgezogen, bis 1930 entstanden weitere Theater wie das New Lyceum. Zwischen der 41st und 53rd Street erhielt der Broadway den Beinamen „Great White Way" – wegen der vielen Lichter. Die Krise in den 1980er-Jahren meisterte der Disney-Konzern fast im Alleingang – mit großen Namen und spektakulären Musicals.

GPS: 40° 46′ 28″ N, 73° 59′ 8″ W
www.broadwayleague.com

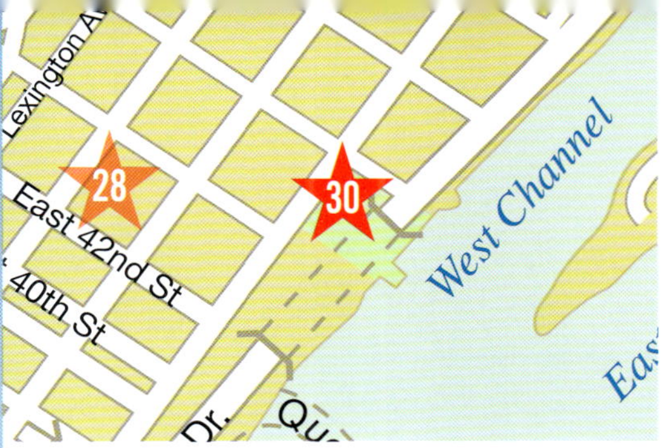

United Nations 30

Das Gebäude der Vereinten Nationen wurde zwischen 1949 und 1953 am Ufer des East River erbaut und steht auf neutralem Boden – weder die Regierung der USA noch die Stadt New York hat dort etwas zu sagen. In der frei zugänglichen Eingangshalle sind zahlreiche Kunstwerke ausgestellt. Während einer Führung sieht man eine Nachbildung des ersten Sputnik und andere Kunstwerke.

GPS: 40° 45′ 2″ N, 73° 58′ 10″ W
www.un.org

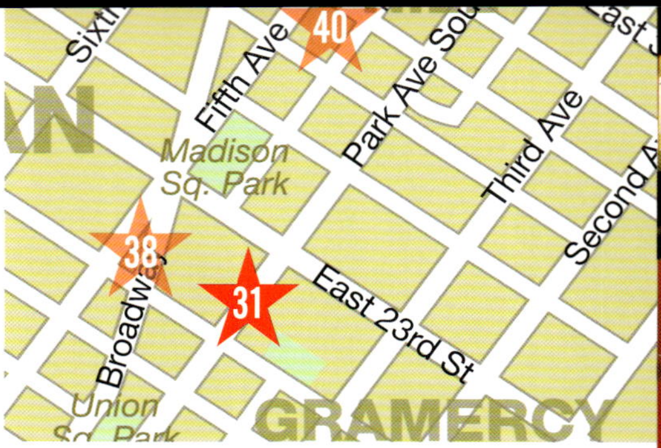

31 Park Avenue

Die Park Avenue führt von der Bowery bis zur 132nd Street und gehört zu den geschäftigsten Straßen von Manhattan. Unterhalb der 14th Street trägt sie noch ihren ursprünglichen Namen „Fourth Street", zwischen der 17th und 32nd Street heißt sie Park Avenue South. Die Begonien auf dem Mittelstreifen werden im Dezember durch Weihnachtsbäume zu Ehren der gefallenen amerikanischen Soldaten ersetzt. An der Park Avenue sind zahlreiche bekannte Firmen beheimatet.

GPS: 40° 45′12″ N, 73° 58′36″ W
www.aviewoncities.com/nyc/parkavenue.htm

Trump Tower 32

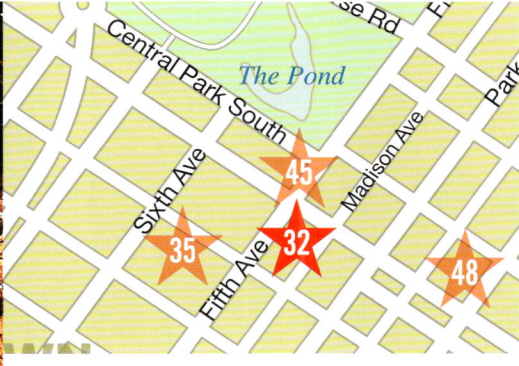

Obwohl nur 68 Stockwerke hoch, gehört der luxuriöse Trump Tower des bekannten Millionärs zu den Vorzeige-Wolkenkratzern an der Fifth Avenue. Der Glaspalast entstand in den 1980er-Jahren und spiegelt den extravaganten Geschmack seines Erbauers: Das mehrstöckige Atrium ist fast komplett vergoldet, und der Wasserfall duftet nach einem teuren Parfüm.

i GPS: 40° 45′45″N, 73° 58′27″W
www.trump.com

GRAND CENTRAL TERMINAL

MTA METRO-NORTH TICKETS

33 Grand Central Station

Die Grand Central Station, 1913 nach mehrjähriger Bauzeit eröffnet und vor einigen Jahren aufwändig renoviert, ist der größte und geschäftigste Bahnhof der Welt. Das Gebäude wurde im Beaux-Arts-Stil erbaut und mit Barock- und Renaissance-Elementen ausgeschmückt. Der Haupteingang in der East 42nd Street wurde einem römischen Triumphbogen nachempfunden. Korinthische Säulen stützen die riesigen Bogenfenster. Im Mittelfenster erinnert eine Bronzestatue an den Eisenbahnmagnaten Cornelius Vanderbilt. In der prunkvollen, zwölf Stockwerke hohen Haupthalle, die an ein römisches Bad erinnern soll, wölbt sich ein künstlicher Himmel mit 2500 Sternen über dem gefliesten Boden. Über dem Reiseauskunftskiosk leuchtet eine riesige Messinguhr, die Kronleuchter sind mit Gold und Nickel ausgelegt. Auf den Emporen warten Restaurants und Läden. Die Bahnsteige liegen ein Stockwerk tiefer, von dort fahren Züge nach Upstate New York, Connecticut und in die Vororte ab. Das geschäftige Zentrum an der Kreuzung Park Avenue/42nd Street hatte zwischen 1970 und 1990 nicht gerade den besten Ruf, erst seit einigen Jahren kann man sich dort wieder ungestört bewegen.

GPS: 40° 45′10″ N, 73° 58′38″ W
www.grandcentralterminal.com

34 Macy's

Mit knapp achthundert Filialen ist Macy's der größte Warenhausbetreiber der USA. Weltbekannt, vor allem wegen der jährlichen Thanksgiving Day Parade und zahlreichen Filmen, die über Macy's gedreht wurden, ist aber vor allem das Stammhaus in New York, nach eigenen Angaben „das größte Warenhaus der Welt". Das erste Macy's eröffnete am 28. Oktober 1858 an der Ecke Sixth Avenue/14th Street. Der rote Stern, bis heute markanter Mittelpunkt im Logo der Kaufhauskette, geht auf den Gründer Rowland Hussey Macy zurück, der jahrelang als Walfänger unterwegs war und einen solchen Stern als Tattoo trug. Nach seinem Tod führten Nathan und Isidor Strauss das Kaufhaus weiter. Isidor starb beim Untergang der Titanic. Seit 1902 befindet sich Macy's am Herald Square, inzwischen etwas abseits der Innenstadt, aber besonders bei Touristen immer noch sehr beliebt. Auf über zehn Etagen wird eine einzigartige Vielfalt von Waren angeboten. Inzwischen ist Macy's Teil einer Holding, die in mehreren Staaten der USA Macy's- und Bloomingdale's-Kaufhäuser betreibt. Seit 1927 gehört die Thanksgiving Day Parade mit ihren farbenprächtig geschmückten Wagen zu den sorgfältig gepflegten Traditionen der Firma. Sie wird live im Fernsehen übertragen.

GPS: 40° 45′3″N, 73° 59′21″W
www.macys.com

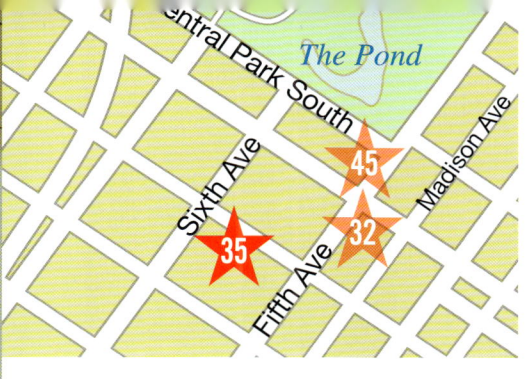

MoMA 35

Das Museum of Modern Art, auch als MoMA bekannt, präsentiert die größte Sammlung moderner Kunst aus dem 19. und 20. Jahrhundert. Allein legendäre Gemälde wie Monets „Wasserlilien", Picassos „Les Demoiselles d'Avignon" und van Goghs „Sternennacht" lohnen den Besuch. Das Museum wurde im November 1929 von Abby Aldrich Rockefeller, Lillie P. Bliss und Mary Quinn Sullivan, alles Ehefrauen und Töchter bekannter Millionäre, gegründet und wechselte mehrmals den Standort, bevor es 1939 nach Midtown Manhattan zog. Nach mehreren Umbauten, zuletzt 2002 bis 2004 durch den japanischen Architekten Yoshio Taniguchi, präsentiert das MoMA inzwischen über 150 000 Gemälde, Zeichnungen, Skulpturen, Fotografien, Drucke und Illustrationen sowie ungefähr 22 000 Filme. Im neuen Gebäude erweiterte man den Bereich der gezeigten Kunstwerke auf zeitgenössische Kunst. Der Impressionismus und Spätimpressionismus ist mit Werken von Cézanne, van Gogh und Gauguin vertreten, der Expressionismus mit Kokoschka. Auf einem Rundgang vom vierten in den ersten Stock begibt man sich auf eine Wanderung durch die Kunstgeschichte, beginnend mit Malerei und Plastik zwischen 1880 und 1940 (vierter Stock), Malerei und Plastik zwischen 1940 und 1970 (dritter Stock), Architektur und Design, Zeichnungen und Fotografie (zweiter Stock) bis zu Drucken und illustrierten Büchern und zeitgenössischer Kunst (erster Stock). Hinzu kommen wechselnde Ausstellungen im fünften und sechsten Stock. Im Skulpturengarten finden sich Plastiken und andere Werke bekannter Künstler wie Henry Moore und Alexander Calder. Wertvolle Bücher, Drucke und Geschenke findet man in den MoMA Design Stores.

GPS: 40° 45′ 40″ N, 73° 58′ 38″ W
www.moma.org

St. Patrick's Cathedral

Auf dem Grundstück der heutigen Kathedrale sollte im frühen 19. Jahrhundert eine von Jesuiten geleitete Schule entstehen, die aber scheiterte. 1813 übernahmen französische Mönche das Grundstück und führten ein Waisenhaus. Nach der Niederlage Napoleons kehrten die Mönche in ihre Heimat zurück. Im Juli 1850 erhob Papst Pius IX. die Diözese von New York zur Erzdiözese, und Erzbischof John Joseph Hughes schlug vor, eine neue Kathedrale zu erbauen, welche die St. Patrick's Old Cathedral ablösen sollte. Die Arbeiten an der neuen Kirche begannen 1858, wurden während des Amerikanischen Bürgerkriegs (1861–1865) unterbrochen und 1878 vollendet. Ein Jahr später weihte Erzbischof John McCloskey die neue Kirche ein. Sie entstand im neugotischen Stil nach dem Vorbild des Kölner Doms und der Westminster Abbey in London. Die Türme, 101 Meter hoch, kamen erst 1888 hinzu. Damals ragte die Kathedrale aus dem Häusermeer von Manhattan empor, wirkt aber heute zwischen den Wolkenkratzern eher wie eine Miniaturausgabe europäischer Gotteshäuser. Die Fassade besteht aus weißem Marmor und hebt sich deutlich von den dunklen und verglasten Wolkenkratzern der Umgebung ab. Die beiden Bronzetüren sind mit Heiligenbildern verziert, unter den Heiligenfiguren in den Alkoven des Kirchenschiffes befindet sich auch eine Statue von Mother Elizabeth Ann Seton, der ersten in Amerika geborenen Heiligen. Die Kathedrale ist der Sitz des Erzbischofs von New York und bietet ungefähr 2400 Menschen Platz. St. Patrick's verfügt über zwei Orgeln, die große Emporenorgel und die Altarorgel.

GPS: 40° 45′31″N, 73° 58′35″W
www.saintpatrickscathedral.org

37 Public Library

Die New York Public Library gehört zu den größten Bibliotheken der Welt. Sie ging Ende des 19. Jahrhunderts aus dem Nachlass des Millionärs John Jacob Astor, der Sammlung von James Lenox und dem 2,4-Millionen-Erbe von Samuel J. Tilden hervor und wurde am 23. Mai 1895 als private Stiftung eingetragen. Seit 1911 residiert die Hauptbibliothek in einem monumentalen Gebäude an der Fifth Avenue. Es entstand zwischen 1897 und 1911 unter der Leitung der Architekten Carrère und Hastings.

GPS: 40° 45′11″ N, 73° 58′55″ W
www.nypl.org

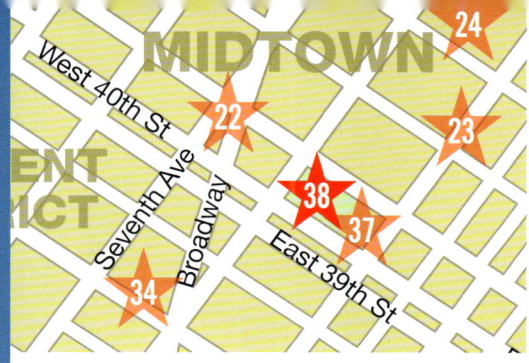

Bryant Park 38

Der Bryant Park ist eine beschauliche Oase inmitten von Manhattan und gilt als bevorzugter Lunch Place für die Geschäftsleute aus den umliegenden Büros. Die New York Public Library liegt im Park. Bis 1840 war das Areal ein Friedhof, sieben Jahre später wurde der erste Park angelegt: Reservoir Square. Während des Bürgerkriegs exerzierte dort das Militär. 1884 änderte man den Namen in „Bryant Park" zu Ehren des gleichnamigen Sklaverei-Gegners William Cullen Bryant.

GPS: 40° 45′ 13″ N, 73° 59′ 2″ W
www.nycgovparks.org
www.bryantpark.org

Flatiron Building 39

In New York begann das 20. Jahrhundert mit einer Sensation. Mit dem Flatiron Building wurde der erste Wolkenkratzer, der in Stahlskelett-Bauweise errichtet wurde, feierlich eingeweiht. Ein Wendepunkt in der Geschichte von New York, denn jetzt war es möglich, die Hochhäuser noch weiter in den Himmel zu treiben und ein neues Zeitalter der Expansion einzuleiten. 1913 folgte das schmucklose Woolworth Building mit 58 Stockwerken, damals einsamer Rekord für New York und ausreichend für ein neues Gesetz, das vorschrieb, dass sich Wolkenkratzer zur Spitze hin verjüngen mussten. In den frühen 1930er-Jahren, noch während der Weltwirtschaftskrise, folgten berühmte Art-Déco-Wolkenkratzer wie das Empire State Building und das Chrysler Building. Das Flatiron Building hieß ursprünglich Fuller Building und galt schon bei seiner Fertigstellung (1902) als Sensation. Der Architekt Daniel Burnham hatte das keilförmige Grundstück an der Kreuzung 23rd Street, Fifth Avenue und Broadway voll ausgenützt und ein ebenfalls keilförmiges Hochhaus in der damals revolutionären Stahlskelett-Bauweise errichtet. Mit seiner hellen Kalkstein- und Terracotta-Verkleidung ähnelte der an seiner Schmalseite nur zwei Meter (!) breite Wolkenkratzer einem riesigen Bügeleisen und wurde fortan nur noch „Flatiron Building" genannt. Eher amüsant fanden zumindest viele Männer die starken Aufwinde neben dem Gebäude. Oft warteten sie an der 23rd Street darauf, dass eine junge Frau vorbeiging, und sich ihr Rock unter den Winden aufbauschte. Die Verkehrspolizisten an der belebten Ecke hatten alle Hände voll zu tun, die neugierigen Burschen zu vertreiben.

GPS: 40° 44′ 28″ N, 73° 59′ 23″ W
www.historyvortex.org/
FlatironBuilding.html

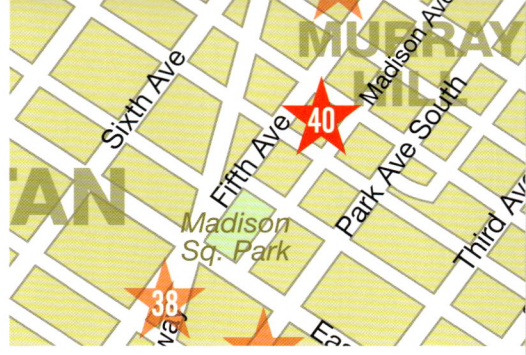

40 Rooftop Bars

Rooftop Bars sind der letzte Schrei in New York City. Wer angesagt und cool sein möchte, erklimmt vor dem abendlichen Ausgehen einen Wolkenkratzer und nimmt in einer hoch gelegenen Bar den Pre-Dinner-Drink ein. Zu den extravagantesten gehört „230 Fifth" im 20. Stock des ehemaligen Victoria Hotels. In der Lobby noch unscheinbar, auf dem Dach eher hip mit riesigen Fenstern und violetten Lichtern wie einst im Studio 53. Eine Couch stammt aus der Sammlung von Karl Lagerfeld. Draußen warten Holzmöbel auf bis zu fünfhundert Gäste. Die Aussicht auf das Empire State Building und das Met Life Building ist grandios. Das „Rare View" (303 Lexington Ave.) liegt im sechzehnten Stock des Shelburne Hotels, eine schummrige Bar mit geschmückten Mini-Bäumen, zahlreichen Tischen – und einem Bett! Stammgäste empfehlen den „Mango Margarita" und den „Blood Orange Cosmo". Durch die großen Fenster sieht man das beleuchtete Empire State und Chrysler Building. Die gesamte Midtown Skyline hat man auf dem Dach des Gramarcy Park Hotels vor Augen: Die „High Bar" (2 Lexington Ave.) liegt im achtzehnten Stock und ist (leider) fast immer überfüllt.

www.230-fifth.com, www.rarebarandgrill.com, www.timeout.com/newyork/bars/rooftop-bars-in-nyc

41 Union Square

Am Union Square zwischen der 14th und 17th Street im südlichen Manhattan wimmelt es nicht nur während der Rush Hour von Menschen. Dreimal in der Woche findet hier ein großer Farmer's Market statt. Der Name des Platzes bezieht sich auf die Vereinigung des Broadway und der Bowery, die hier im frühen 19. Jahrhundert zusammentrafen. Um den Platz und den gleichnamigen Park gruppieren sich zahlreiche Restaurants und Shops. In der Mitte ragt eine Statue des berittenen George Washington von Henry Kirke Brown empor, sie wurde 1856 enthüllt. Weitere Statuen zeigen den Marquis de Lafayette, von Frédéric-Auguste Bartholdi zu Ehren des Unabhängigkeitstages am 4. Juli 1876 entworfen, und Mahatma Ghandi aus dem Jahr 1986. Den Temperance Fountain schuf Adolf Donndorf. Wie zahlreiche andere öffentliche Plätze war der Union Square ursprünglich ein Friedhof, erst 1815 wurde er unter dem Namen „Union Place" ein öffentlicher Platz. Während der ersten Jahrzehnte gehörte er zu den Commons, erst 1872 kam der Park hinzu. Er wurde von Frederick Law Olmsted und Calvert Vaux angelegt, den Gestaltern des Central Parks. Einige der umliegenden Häuser gehörten zu den besten Adressen der Stadt. Nach dem Bürgerkrieg, lange bevor der Entertainment District zum Broadway am Times Square umzog, lagen die meisten Theater im „Rialto District" zwischen der 14th und 23rd Street in unmittelbarer Nähe des Union Square. Der Union Square war Schauplatz zahlreicher politischer Demonstrationen und der ersten Labor Day Celebration am 5. September 1882. In den ersten Tagen nach dem Terrorangriff auf das World Trade Center war der Union Square ein Versammlungsplatz für Trauernde.

GPS: 40° 44'8" N, 73° 59'26" W
www.nycgovparks.org/parks/unionsquarepark

UPPER MANHATTAN

Im Norden von Manhattan reicht der Central Park bis dicht an die Wolkenkratzer von Midtown heran. Zu verdanken hat New York diesen vorbildlichen Park dem Landschaftsgärtner Frederick Law Olmsted, der jahrelang eine „grüne Lunge" inmitten der Riesenstadt gefordert hatte. 1858 erfüllte sich sein Traum. Zehn Millionen Wagenladungen Erde mussten herangeschafft, über 25 000 Bäume und eine Viertelmillion Büsche gepflanzt werden, um die Steinwüste im Norden in ein Erholungsgebiet zu verwandeln.

Zu beiden Seiten des Parks entwickelten sich exklusive Wohngegenden. Zwischen der 59th und 69th Street konnten die Bewohner aus ihren Fenstern den Central Park bewundern. Während der folgenden Jahrzehnte wurden die herrschaftlichen Villen der Vanderbilts und Carnegies durch Apartmenthäuser mit luxuriösen und teuren Wohnungen ersetzt, die der Fifth Avenue auf der Upper East Side den Beinamen „Millionaire's Row" einbrachten. Auf der West Side wohnten zahlreiche Künstler, darunter John Lennon im exklusiven Dakota Building, vor dessen Eingang er am 8. Dezember 1980 erschossen wurde. Auf der East Side besaßen die Rockefellers, Roosevelts und Kennedys herrschaftliche Villen, bevor auch dort riesige Apartmenthäuser hochgezogen wurden.

MUSEUM MILE

An der „Museum Mile", der Fifth Avenue zwischen 82nd und 105th Street locken neun weltbekannte Museen. Das

Panoramablick vom Four Seasons Hotel (oben). Harlem, ehemals eine ländliche Gegend für weiße Ausflügler, wurde ab circa 1910 ein „schwarzes" Viertel. Die lebendigen Baptisten-Gottesdienste und die mitreißende Musik der Gospel-Chöre sind zur Attraktion geworden. Das Bild „Adele Bloch-Bauer I" von Gustav Klimt in der Neuen Galerie. Im Central Park entspannen sich die New Yorker vom Alltag.

Baptisten-Gottesdienste   Bild von Gustav Klimt   Central Park

Museum of Modern Art, weltweit als „MoMA" bekannt, gehört mit seiner exzellenten Kunstsammlung aus dem 19. und 20. Jahrhundert sicher zu den besten. Künstler wie Wassily Kandinsky findet man im Guggenheim Museum. Im Metropolitan Museum of Art locken sogar ein ägyptischer Tempel und ein 200 000 Dollar teures Baseball-Sammelbild – nur zwei von insgesamt 3,5 Millionen Ausstellungsstücken des Museums. Oft unterschätzt wird die Frick Collection mit drei Rembrandts, darunter ein Selbstporträt, und Manets „Der Stierkampf".

NIEW HAARLEM

Harlem wurde nicht für die Schwarzen gebaut. Stadtdirektor Peter Stuyvesant gründete 1658 nahe der heutigen 125th Street einen Handelsposten und nannte ihn Niew Haarlem, nach der gleichnamigen Stadt in Holland. Vor allem Deutsche und Iren, später auch Juden und Italiener, ließen sich dort nieder. Die Schwarzen aus Lower Manhattan kamen erst um 1910, als die U-Bahn gebaut wurde. Während des Ersten Weltkriegs folgten Schwarze aus dem amerikanischen Süden und von den Westindischen Inseln. Die Lebensader von Harlem ist die 125th Avenue, dort liegt auch das legendäre Apollo Theater, in dem fast alle Stars der schwarzen Musik auftraten. In Sugar Hill, der besten Adresse, wohnten vor einigen Jahrzehnten die reichen Schwarzen. Inzwischen spricht man in Harlem von einer neuen „Renaissance", die wirtschaftliches Wachstum in das ehemalige Getto bringt.

42 Central Park

Als Kunstwerk wird auch der Central Park gesehen, denn als solches wurde er im Jahre 1876 der staunenden Öffentlichkeit vorgestellt. Die grüne Oase liegt mitten in der Stadt, erstreckt sich von der 59th bis zur 110th Street über ein Areal von 340 Hektar. 26 000 Bäume will jemand gezählt haben. William Cullen Bryant ließ ihn auf ehemaligem Brachland errichten, die Landschaftsarchitekten Frederick Law Olmsted und Calvert Vaux schufen eine ländliche Idylle als Kontrast zum Wolkenkratzermeer, das bis dicht an den Park heranreicht. Durch das Merchant's Gate am Columbus Circle geht es in den Park. „The Mall", eine Allee mit holländischen Ulmen, beginnt bei der „Sheep Meadow", einer riesigen Wiese, auf der bis 1934 noch Schafe weideten. Hier wird Selbstdarstellung à la New York betrieben: Freizeit-Prediger, Freizeit-Freaks, Ball spielende Jugendliche, picknickende Familien und verhinderte Varieté-Künstler geben sich ein buntes Stelldichein. Gegenüber der West 72nd erinnern die „Strawberry Fields" an John Lennon, der vor dem Dakota Building ermordet wurde. Ein Netz von verzweigten Spazierwegen führt zu Gärten, Brunnen und „The Lake", einem romantischen See, auf dem sogar venezianische Gondeln fahren. Über die Bow Bridge, eine geschwungene Holzbrücke, geht es nach „The Ramble", einem kleinen Wald, der wegen seiner Verstecke bei Liebespaaren beliebt ist. Im Osten und Westen des Parks schließen sich begehrte Wohngebiete an. In der Upper East Side, an der Fifth und Park Avenue, leben einige der reichsten Einwohner von New York. Die Upper West Side gibt sich etwas „volkstümlicher".

GPS: 40° 46′57″N, 73° 57′58″W
www.centralparknyc.org

Im 19. Jahrhundert lag der Central Park noch nördlich der Stadt, inzwischen erstreckt er sich von der 59th bis zur 110th Street über ein Areal von 340 Hektar. Die Wolkenkratzer reichen bis dicht an den Park heran.

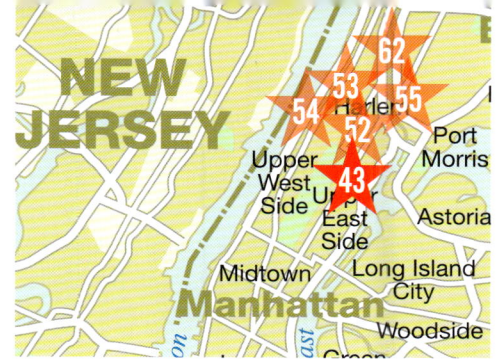

Guggenheim Museum

Einer leuchtenden Zitronenpresse (böse Zungen behaupten: einem Parkhaus) gleicht das spiralenförmige Guggenheim Museum in der Fifth Avenue. Von einigen Kritikern wurde es auch als „Schneckenhaus" und „Hochzeitskuchen" verspottet. Der weltberühmte Architekt Frank Lloyd Wright erlebte nicht mehr mit, welche Kontroverse die Einweihung des ungewöhnlichen Gebäudes im Jahre 1959 auslöste. Es wurde im Oktober 1959 eröffnet, ein halbes Jahr nach Wrights Tod, und besonders von Architekten als eines der beeindruckendsten Gebäude des 20. Jahrhunderts gepriesen. Die Ausstellungsstücke stammen aus der Privatsammlung von Solomon R. Guggenheim, einem der reichsten Männer der USA. Zwischen 1929 und 1930 begann er, sich eine Sammlung avantgardistischer Kunst anzulegen, beraten von der deutschen Künstlerin Hilla von Rebay. Sie war auch die erste Direktorin des Museums. Als Sammler interessierte er sich besonders für abstrakte Kunst, das Museum ist aber ebenso für Werke des Impressionismus, Expressionismus und Surrealismus bekannt. Bereits in den 1920er-Jahren gab er sein Geld für Werke von Künstlern wie Kandinsky und Gleizes aus. 1976 vermachte Justin K. Thannhauser dem Museum seine großartige Sammlung mit Meisterwerken französischer Impressionisten und Neo-Impressionisten wie Matisse, van Gogh, Toulouse-Lautrec und Cézanne. Im Zentrum der Sammlung abstrakter Gemälde stehen die Werke von Wassily Kandinsky. Aus dem Nachlass des Kunsthändlers Karl Nierendorf stammen Gemälde von Paul Klee, Lyonel Feininger, Joan Miró und Oskar Kokoschka.

GPS: 40° 46′ 59″ N, 73° 57′ 32″ W
www.guggenheim.org/new-york

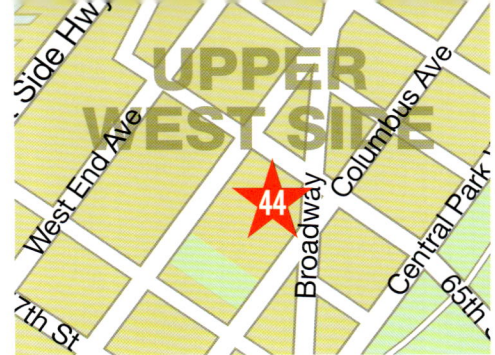

44 Lincoln Center

Zu einem der kulturellen Zentren in Manhattan wurde in den 1960er-Jahren das Lincoln Center for the Performing Arts, ein Komplex von mehreren Gebäuden, der die Metropolitan Opera, das New York State Theater der New York City Opera und des New York City Ballet, die Avery Fisher Hall der New Yorker Philharmoniker, die Alice Tully Hall, das Vivian Beaumont Theater, das Mitzi Newhouse Theater, die New York Public Library for the Performing Arts und das Walter Reade Theater einschließt. Die modernen Gebäude wurden von mehreren Architekten entworfen und überzeugen mit einem strengen Äußeren. Auf der Plaza erhebt sich ein Brunnen aus dunklem Marmor. Die Wandgemälde im Foyer des Opernhauses stammen von Marc Chagall, in den Gängen hängen Fotos berühmter Sänger wie Jessye Norman und Plácido Domingo. Die legendäre Metropolitan Opera, von den New Yorkern liebevoll „Met" genannt, zog erst im September 1966 in das hypermoderne Gebäude des Lincoln Center um. Berühmte Dirigenten wie Gustav Mahler, Felix Mottl und Arturo Toscanini begründeten den Weltruhm der Met, Enrico Caruso und Maria Callas gehörten zu den umjubelten Stars. 1968 standen Plácido Domingo und Luciano Pavarotti auf den heiligen Brettern der Metropolitan Opera.

GPS: 40° 46′ 24″ N, 73° 59′ 4″ W
www.lc.lincolncenter.org

45 The Plaza

Nach der Abwanderung der Millionärsfamilien aus der Fifth Avenue entstanden vor allem luxuriöse Hotels und exklusive Läden an der einstigen Villen-Allee. Bereits 1907 eröffnete das Plaza-Hotel, bis heute eines der exklusivsten Hotels der Stadt, auch wenn der größte Teil der Zimmer inzwischen in Apartments umgewandelt wurde. Zu den berühmtesten Gästen des Plaza gehörten zahlreiche amerikanische Präsidenten, Ernest Hemingway und die Beatles. In Alfred Hitchcocks „North by Northwest" (Der unsichtbare Dritte) spielte es eine Hauptrolle. Mit einer aufwändigen Renovierung passte sich das Plaza den gestiegenen Anforderungen des neuen Jahrtausends an. Die Grand Army Plaza vor dem legendären Plaza Hotel am Central Park, zu Ehren der Unionsarmee im Amerikanischen Bürgerkrieg benannt, ist zweigeteilt. Südlich von Central Park South erhebt sich der Pulitzer Fountain, von Zeitungsherausgeber Joseph Pulitzer finanziert. Auf der nördlichen Hälfte des Platzes dominiert die Reiterstatue von General Willliam Tecumseh Sherman. Augustus Saint-Gaudens schuf sie zu Ehren des bekannten Offiziers des Bürgerkriegs und der anschließenden Indianerkriege. Am südlichen Ende der Plaza stand einst das im Stil der französischen Renaissance erbaute Château des Millionärs Cornelius Vanderbilt II.

GPS: 40° 45′ 52″ N, 73° 58′ 28″ W
www.theplazany.com

46 Columbus Circle

Schon der Central-Park-Architekt Frederick Law Olmsted sah einen Platz am Rande des Parks vor. Der Kreisel wurde nach Christopher Kolumbus benannt und 1907 fertig gestellt. Für das Design zeichnete der Verkehrsexperte William P. Eno verantwortlich. Das Denkmal im Zentrum wurde 1892 von dem italienischen Künstler Gaetano Russo zum 400-jährigen Jubiläum der Wiederentdeckung Amerikas durch Kolumbus geschaffen. Von dieser Säule werden alle Entfernungen von New York zu anderen Orten gemessen.

GPS: 40° 46′ 5″ N, 73° 58′ 55″ W
www.earthcam.com/usa/newyork/columbuscircle/

Lipstick Building 47

Der Wolkenkratzer an der Ecke 53rd Street/Third Avenue fällt durch seine ungewöhnliche Form auf, die einem Lippenstift ähnelt und die auch wegen der drei verschachtelten Teile mit einem Teleskop verglichen wird. Das Gebäude wurde von dem Architekten Philip Johnson entworfen und 1986 eröffnet. Die Außenwand besteht aus Granit und Stahl, die Stockwerke sind durch einen dünnen Streifen in Lippenstift-Rot voneinander abgesetzt.

GPS: 40° 45′ 28″ N, 73° 58′ 8″ W
www.skyscrapercenter.com

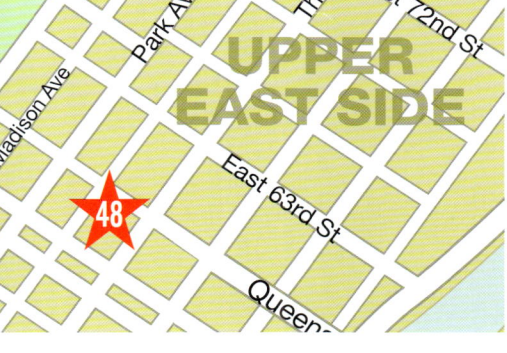

Bloomingdale's 48

Das weltberühmte Kaufhaus besteht seit 1861 und ging aus dem Ladies Notions Shop und dem East Side Bazaar der Gebrüder Joseph und Lyman J. Bloomingdale in der Lower East Side hervor. 1886 zog das Unternehmen in die Lexington Avenue um. Mit ihren innovativen Schaufensterdekorationen und Importen aus Europa begründeten sie den legendären Ruf ihrer Firma als Edelkaufhaus.

GPS: 40° 46′ 23″ N, 73° 57′ 37″ W
www.bloomingdales.com

American Museum of Natural History 49

Das größte Naturkundemuseum der Welt am Central Park West/Ecke 79th Street nimmt vier Häuserblocks ein und präsentiert in 45 Hallen über 32 Millionen Exponate. Auf fünf Stockwerken bekommt man einen tiefen Einblick in die Geschichte unserer Erde und des Weltraums. Das Museum wurde 1869 gegründet, unter anderem von Theodore Roosevelt Sr., dem Vater des 26. Präsidenten der USA, und nach aufopferungsvoller Lobby-Arbeit des Zoologen Louis Agassiz. Das Hauptgebäude öffnete 1877, während der folgenden Jahrzehnte kamen zahlreiche Gebäude dazu, weil die Ausstellungen jeglichen Rahmen zu sprengen schienen. Das Museum ist vor allem für seine Dioramen asiatischer, afrikanischer und amerikanischer Säugetiere bekannt. In der Akeley Hall, die 1936 eröffnet wurde, sind die nach einer damals neuen und besonders lebensnahen Methode ausgestopften Säugetiere verschiedener Epochen zu sehen. Die Halle ist nach Carl Akeley, dem Afrika-Forscher und Erfinder dieser Methode, benannt. Er starb 1926 und liegt im Virunga National Park in Afrika begraben. Unbedingt sehenswert sind die gewaltigen Dinosaurier-Skelette, das Skelett eines seltenen Dodo-Vogels, der „Star of India" (mit 653 Karat der größte Saphir der Welt), ein lebensgroßer Blauwal, Embryo-Fossile in Dinosauriereiern oder ein neunzehn Meter langes Zedernkanu der Haida-Indianer. Seit dem Jahr 2000 gibt es das Rose Center for Earth and Space. In einer riesigen beleuchteten Kugel mit 27 Meter Durchmesser, die in einem Glaswürfel schwebt, befindet sich das Hayden Planetarium.

GPS: 40° 46′ 50″ N, 73° 58′ 25″ W
www.amnh.org

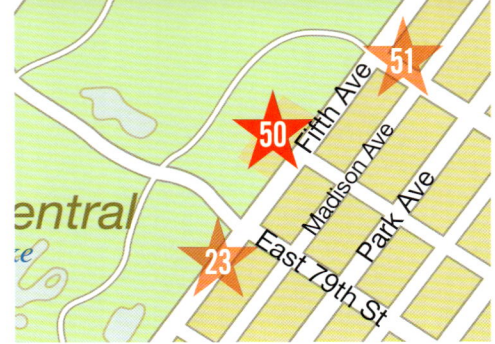

50 Metropolitan Museum of Art

Wegen eines 200 000 Dollar teuren Baseball-Sammelbildchens kommt bestimmt niemand nach New York, aber auch das liegt im Metropolitan Museum of Art unter Glas. Mit über drei Millionen einzigartigen Kunstschätzen gehört das „Met" zu den größten und bedeutendsten Kunstmuseen der Welt. Beinahe alle Epochen der Kunstgeschichte sind in dem riesigen Gebäude vertreten. Zu den Highlights gehören der ägyptische Tempel von Dendur, der während der Errichtung des Assuan-Staudamms durch Zerstörung bedroht war und unter einer Glashaube eine neue Heimat fand, die Ton- und Porzellanfiguren in den Asian Galleries, Picassos Porträt von Gertrude Stein und Georgia O'Keefes „Red, White and Blue", Emanuel Leutzes „Washington Crossing the Delaware" im American Wing, zu dem allein 60 Galerien und ein Garten gehören, und der Equestrian Court mit lebensgroßen Ritterfiguren. Die Abteilung „European Paintings" im zweiten Stock zeigt Maler von Weltruf wie Rembrandt und Monet, von Vincent van Gogh gibt es ein Selbstporträt. Und auch die Impressionisten sind vollzählig vertreten.

GPS: 40° 46′ 46″ N, 73° 57′ 48″ W
www.metmuseum.org

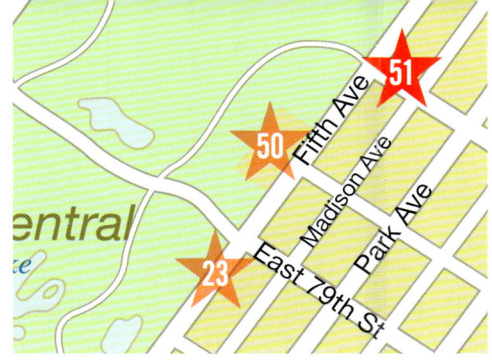

Neue Galerie

In der besten Gegend der Upper East Side, an der Kreuzung Fifth Avenue und 86th Street, erhebt sich eine herrschaftliche Beaux-Arts-Villa, deren Anblick inmitten zahlreicher schmuckloser Gebäude allein das Eintrittsgeld wert wäre. In dem Palast liegt die Neue Galerie, ein sehenswertes Museum mit deutscher und österreichischer Kunst des frühen 20. Jahrhunderts. Die Ausstellungsstücke stammen aus der Sammlung von Roland Lauder, dem Erben des weltberühmten Kosmetikkonzerns, und seinem Freund, dem österreichischen Kunstsammler Serge Sabarsky. Die Villa im neoklassizistischen Stil befand sich im Besitz von Grace Wilson Vanderbilt, der Gattin von Cornelius Vanderbilt III., bevor die beiden sie 1997 kauften. Die österreichische Kunst mit Werken von Gustav Klimt, Egon Schiele und Oskar Kokoschka ist im ersten Stock ausgestellt. Der zweite Stock gehört Kunstwerken deutscher Maler wie Paul Klee, Otto Dix, Ernst Ludwig Kirchner, Lyonel Feininger und Wassily Kandinsky. Für Klimts Gemälde „Adele Bloch-Bauer I" zahlte Roland Lauder 135 Millionen Dollar, den damals höchsten Preis, der jemals für ein Gemälde bezahlt wurde. Nach dem Museumsbesuch kann man sich in einem der beiden original Wiener Cafés erholen.

GPS: 40° 46′53″N, 73° 57′38″W
www.neuegalerie.org

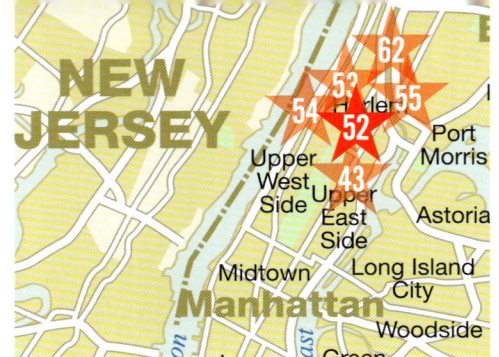

52 Harlem

Seit einigen Jahren spricht man in New York von der neuen „Harlem Renaissance", der Wiedergeburt des schwarzen New York. Die erste Renaissance erlebte der Stadtteil zwischen der 96th und 165th Street nach dem Ersten Weltkrieg, als viele tausend Afro-Amerikaner aus dem amerikanischen Süden, der Karibik und Afrika nach New York zogen, um in Harlem eine neue Existenz zu gründen. Mit ihnen kamen begabte Künstler, die diesem „Goldenen Zeitalter" ihren Stempel aufdrückten. Der Zusammenbruch kam in den 1920er-Jahren, als die Mieten stiegen und sich immer mehr Bewohner die kleinen Häuser und Wohnungen teilen mussten. Harlem verkam zum Slum und erlebte Rassenkrawalle und Aufstände. Die „Harlem Renaissance" der Jahrtausendwende bedeutet wirtschaftliches Wachstum und das Erwachen eines neuen Selbstbewusstseins. Die Highlights im neuen Harlem: die Abyssinian Baptist Church in der 138th Street, die 1924 im neugotischen Stil gebaut wurde, und deren Gemeinde bereits 1808 von Afro-Amerikanern und äthiopischen Händlern gegründet wurde, und das Apollo Theater, das während des Goldenen Zeitalters zum Sprungbrett für Jazz-Legenden wie Duke Ellington und Billy Holiday wurde.

GPS: 40° 48′N, 73° 57′W
www.americanet.de/html/new_york_city_harlem.html

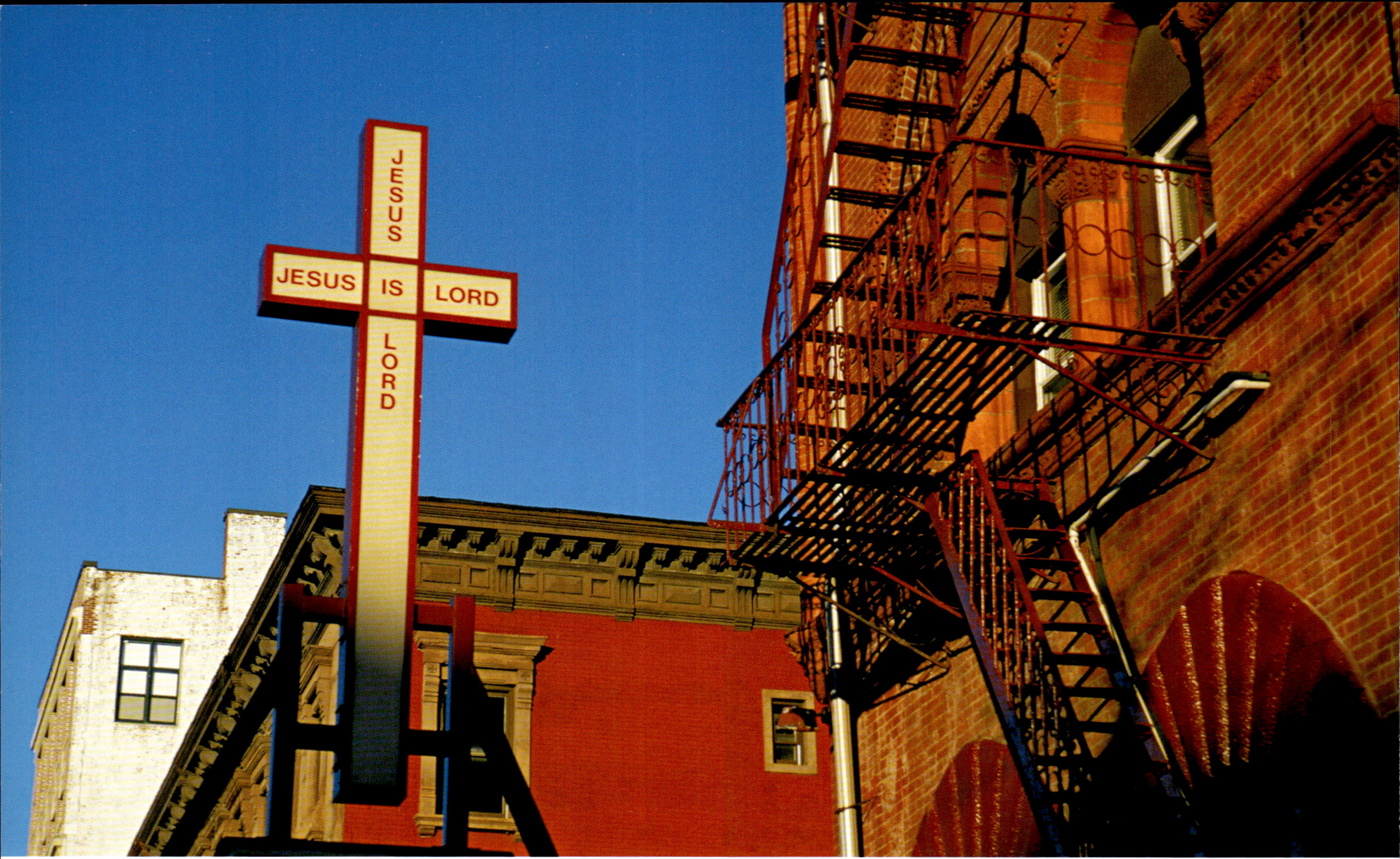
JESUS
JESUS IS LORD
LORD

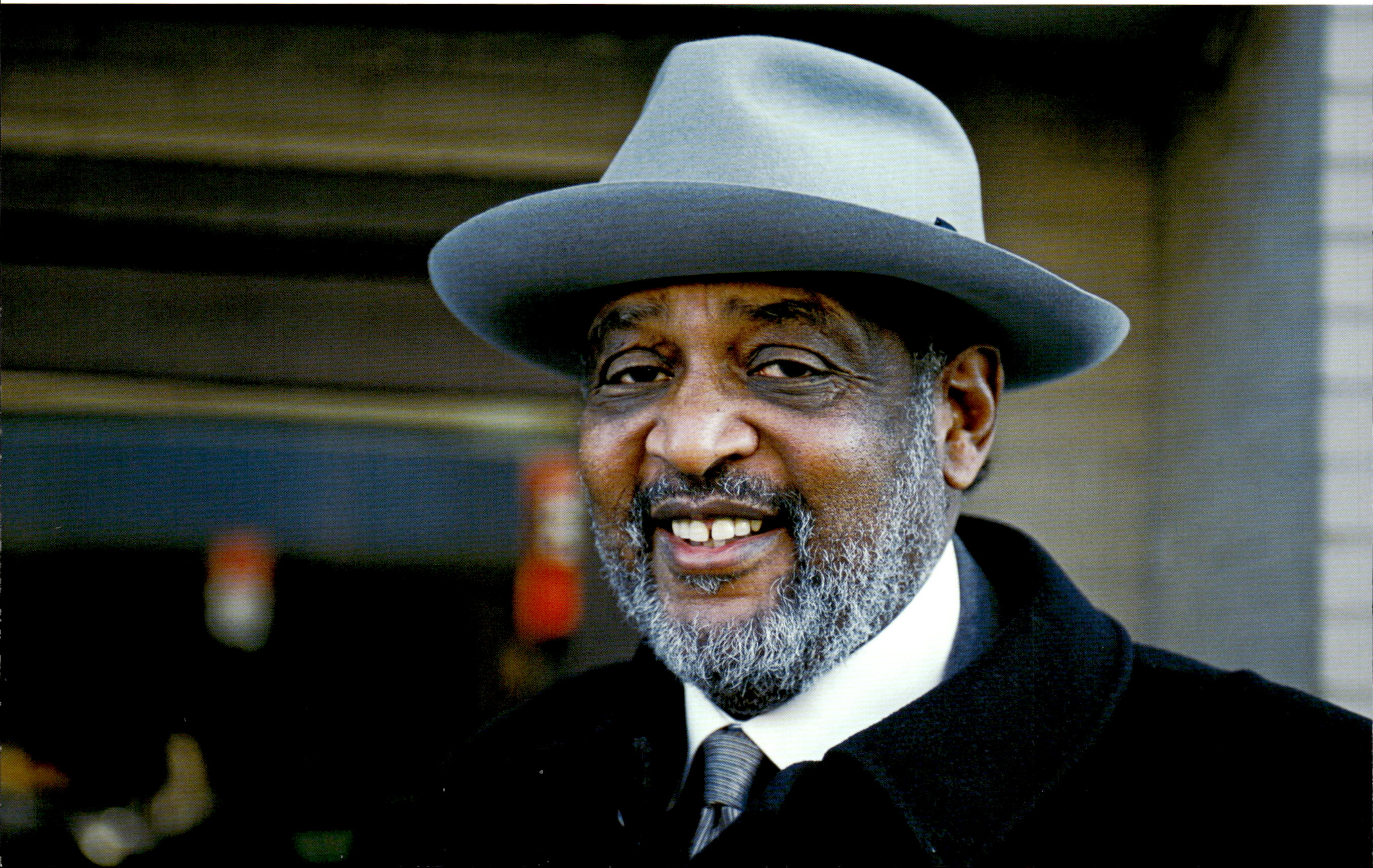

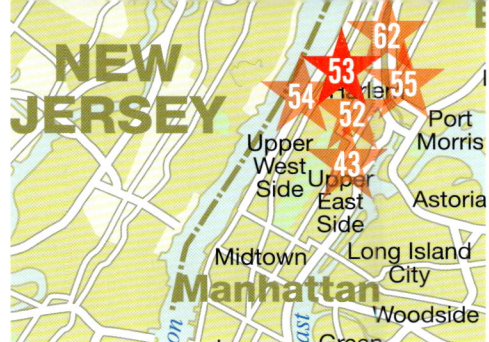

53 Gospel Day

Am Sonntag ruht das Business. Gospel Day. In der Shiloh Baptist Church drängen sich die Menschen, und der Chor singt: „All Things Come of Thee, O Lord, and of Thine Own Have We Given Thee." Die Frau im pinkfarbenen Kostüm breitet die Arme aus und ruft inbrünstig: „Amen!" „Dies ist der Tag des Herrn!", predigt Reverend Dr. Calvin G. Sampson. „Dies ist der Tag, an dem wir seinen Namen preisen! Gelobt sei Gott! Gelobt sei Jesus Christus!" „Amen!", schallt es aus der Gemeinde. Im Parterre nur Schwarze, auf der Empore einige weiße Besucher. „Bitte nicht blitzen!", werden sie aufgefordert. Wer das Verbot missachtet, wird höflich gebeten, die Kirche zu verlassen. Als Gäste sind die Weißen aber willkommen. Als Zentrum erstklassiger Predigten und Gospelgesänge gilt die Abyssinian Baptist Church. Die Geschichte der Kirche reicht bis ins Jahr 1808 zurück, als schwarze Gläubige die „First Baptist Church in the City of New York" verließen, weil dort großer Wert auf die Rassentrennung gelegt wurde. 1923 zog Pastor Adam Clayton Powell mit der Gemeinde in die neue Kirche an der West 138th Street. Der begnadete Prediger war engagierter Bürgerrechtler und erster schwarzer Abgeordneter im Kongress.

🛈 www.harlemonestop.com/organization/405/shiloh-baptist-church

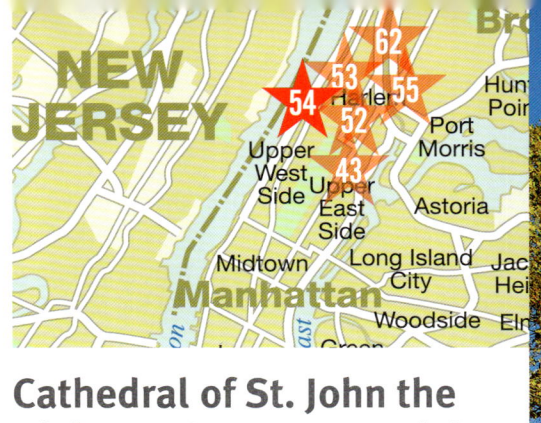

54 Cathedral of St. John the Divine & Grant Memorial

Am Ufer des Hudson River im Riverside Park liegt das General Grant National Memorial, besser bekannt als „Grant's Tomb" (rechts). In dem gewaltigen Mausoleum liegen Ulysses S. Grant und seine Frau Julia Dent Grant begraben. Grant (1822–1885) war ein bekannter General im Bürgerkrieg und den Indianerkriegen und der 18. Präsident der Vereinigten Staaten. Nicht weit von der Grabstätte entfernt steht die dem Apostel Johannes geweihte Cathedral of St. John the Divine (unten). Die neugotische Kirche wurde nach einem Brand restauriert.

GPS: 40° 48′14″ N, 73° 57′43″ W
www.sacred-destinations.com/usa/new-york-city-cathedral-st-john-the-divine

Columbia University 55

Die Universität wurde bereits 1754 als King's College gegründet. Unter dem Namen „Columbia College" eröffnete die Universität 1784 nach dem Amerikanischen Unabhängigkeitskrieg, 1849 siedelte sie für die nächsten fünfzig Jahre an die Madison Avenue über. Seit 1892 firmiert sie als Columbia University, im selben Jahr zog man in das Gebäude in Morningside Heights, in dem sich die Uni heute noch befindet. Der Architekt Charles Follen McKim schuf die Gebäude im Stil der italienischen Renaissance.

GPS: 40° 48′ 31″ N, 73° 57′ 44″ W
www.columbia.edu

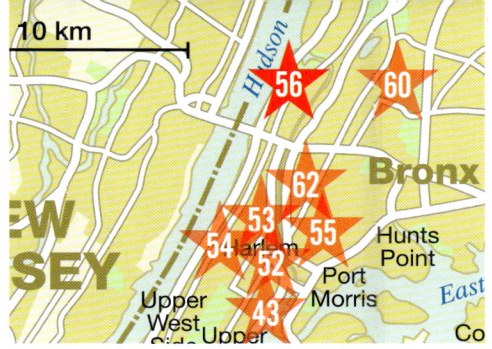

56 The Cloisters

The Cloisters („Kreuzgänge") liegen auf einem bewaldeten Hügel in Fort Tyron Park und bestehen aus Teilen mittelalterlicher Gebäude aus Europa, die zwischen 1934 und 1938 von dem amerikanischen Architekten Charles Collens zusammengefügt und ergänzt wurden. Der Hauptturm und der romanische Kreuzgang stammen aus dem französischen Kloster Saint-Michel-de-Cuxa. Die Gebäude beherbergen die mittelalterliche Kunstsammlung des Metropolitan Museum of Art. Finanziert wurde das Projekt von John D. Rockefeller Jr., der auch einen Großteil seiner von dem Bildhauer George Grey Barnard erworbenen Sammlung stiftete. Die Ausstellung reicht von der Romanik (1000 n. Chr.) bis zur Gotik (um 1550). Zu den wertvollsten Exponaten gehören die Gobelins in der Unicorn Tapestries Hall. Die Wandteppiche schildern die Jagd auf ein unschuldiges weißes Einhorn, das nach seinem Tod wieder aufersteht. John D. Rockefeller Jr. schrieb über das Projekt, das ihm sehr am Herzen lag: „Wenn diejenigen, die vom Charme dieses Ortes überwältigt sind, und sich von seiner Ruhe, dem Frieden und der Schönheit haben ergreifen lassen, mit gestärktem Mut und Hoffnung wieder aufbrechen, dann war die Arbeit seiner Erbauer nicht vergeblich."

GPS: 40° 51′53″N, 73° 55′55″W
www.ny.com/museums/cloisters.html

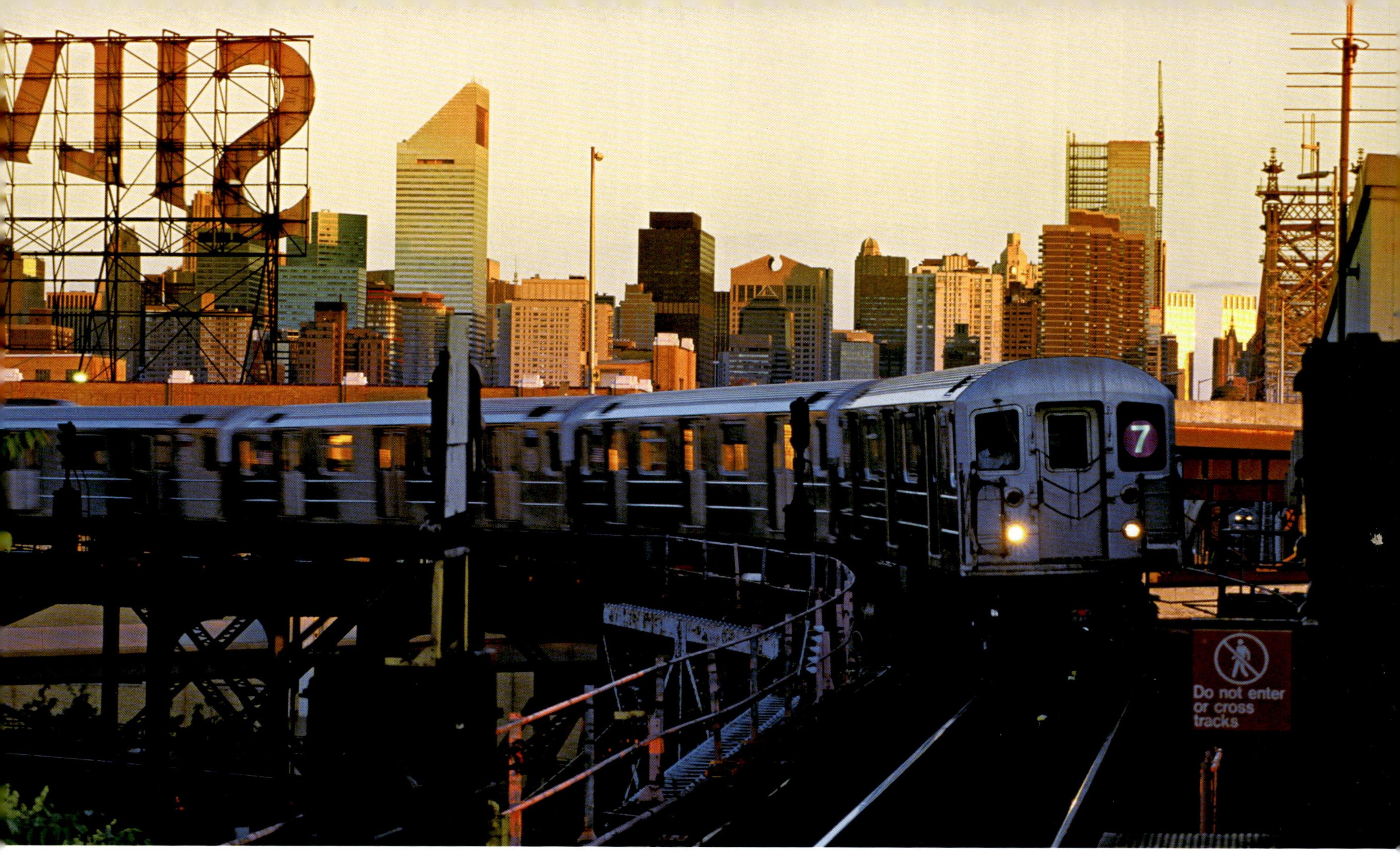
7
Do not enter
or cross
tracks

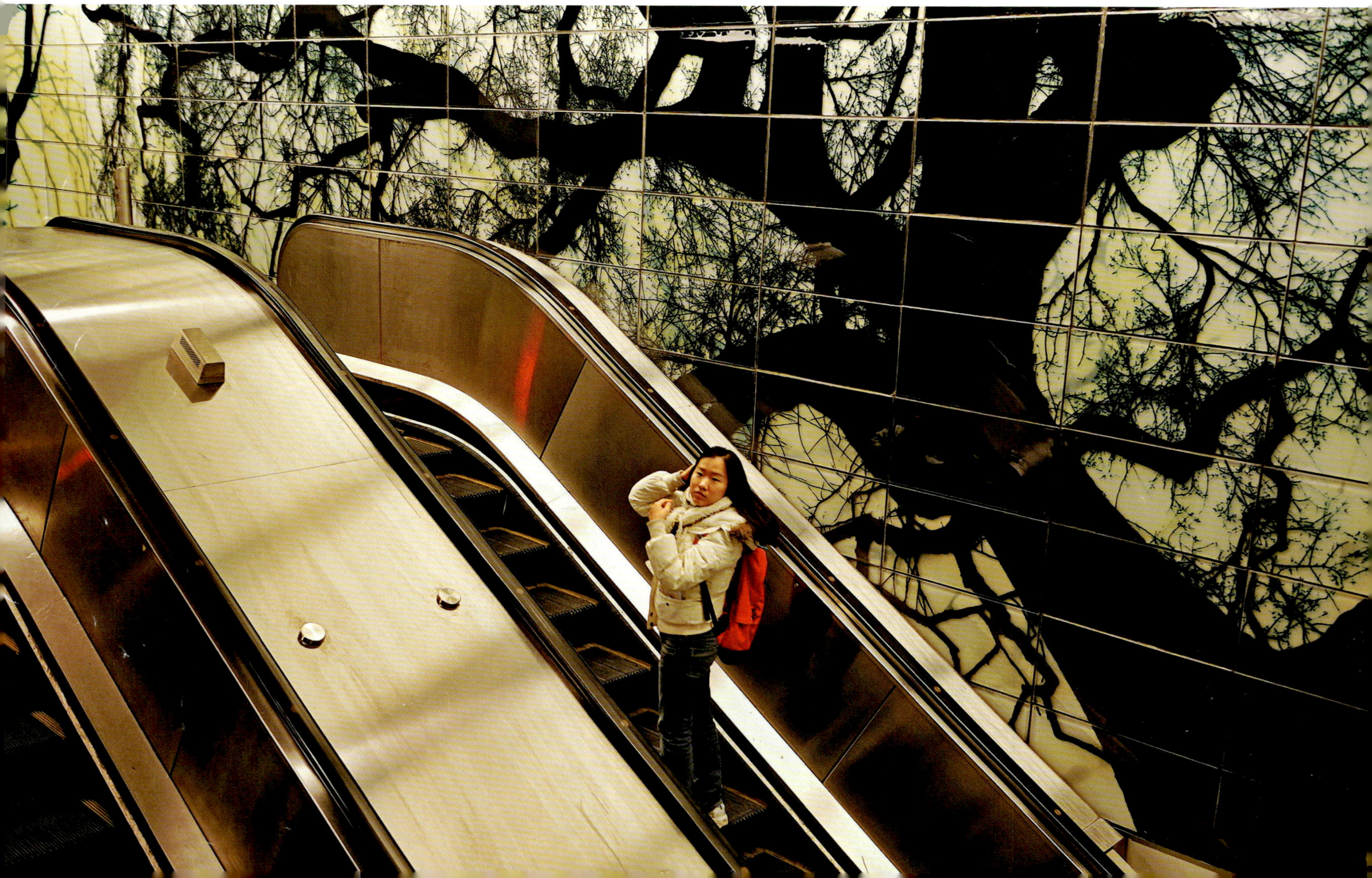

Subway 57

842 Meilen sind die Schienen der New Yorker U-Bahn lang – das würde bis Chicago reichen. 29 Linien, 468 Stationen, 31 180 Drehkreuze, 161 Rolltreppen, 11 450 Signale, 2637 Weichen. Der Strom fließt durch 2500 Meilen Kabel. Der jährliche Stromverbrauch liegt bei 1,8 Milliarden Kilowattstunden – genug, um eine Stadt wie Buffalo ein Jahr lang mit Strom zu versorgen. 5811 Züge rattern jeden Tag durch den New Yorker Untergrund. Auf 7400 Fahrten legen sie eine Million Meilen zurück. Ohne Reparatur schafft ein Zug durchschnittlich bis zu 86 884 Meilen. 60 Prozent der Schienen verlaufen unterirdisch. Die höchste Station (Ninth/Smith Street in Brooklyn) liegt ungefähr 30 Meter über, die tiefste (191st Street in Manhattan) über 90 Meter unter der Straße. Die U-Bahnen befördern täglich über 4,3 Millionen Menschen und sind rund um die Uhr im Einsatz. Bis in die 1940er-Jahre, als die Stadt das U-Bahn-Netz übernahm, wetteiferten drei Subway-Linien um Fahrgäste: IRT, BMT und IND. Die Interborough Rapid Transit (IRT) eröffnete 1904, die erste Strecke führte von der City Hall nach Grand Central, dann zum Times Square und bis hinauf zu 145th Street und Broadway. Ein Jahr später reichte das Streckennetz bis in die Bronx. 1908 ging es nach Brooklyn. Die Brooklyn-Manhattan Transit (BMT) baute die Hochbahn in Brooklyn. Die Independent Subway (IND) wurde 1920 von der Stadt gegründet und bediente die Eighth und Sixth Avenues in Manhattan und die anderen Boroughs. Seit dem 1. Juni 1940 operieren alle Linien unter einem Dach. Nur Insider wissen: Die Züge der BMT und IND sind breiter als die IRT-Trains und passen nicht in deren Tunnel.

www.nycsubway.org/wiki/Main_Page
www.nyc-guide.de/verkehrsmittel/subway.html

JENSEITS VON MANHATTAN

Von den „Boroughs", den anderen Stadtteilen von New York, spricht kaum jemand, obwohl ein „Vorort" wie Brooklyn über zwei Millionen Einwohner hat. Kurioserweise hat man ausgerechnet von dort den schönsten Blick auf Manhattan – von der Uferpromenade in Brooklyn Heights. In den Straßen dieser romantischen Gegend stehen wunderschöne Häuser aus dem 19. Jahrhundert, und auch am Ende der Fulton Street, wo sich die Brooklyn Bridge über den East River spannt, steht man auf historischem Boden. Dort versteckte sich George Washington während des Unabhängigkeitskrieges vor den Engländern. Brooklyn ist sehenswert, nicht nur in Brooklyn Heights, auch vor der Borough Hall, dem ehemaligen, im klassizistischen Stil erbauten Rathaus von Brooklyn, im Botanischen Garten, im Prospect Park mit seinen Wiesen und Fahrradwegen und in den zahlreichen Museen des Stadtteils. Der Stadtteil ist besser als sein Ruf.

GRÜNE BRONX

Ähnliches gilt für die Bronx im äußersten Norden von New York. Ein Geschwür nennen die meisten Bürger diesen Stadtteil, weil dort viele Schwarze wohnen und jugendliche Verbrecherbanden die Straßen unsicher machen. Nur wenig Hoffnung für die Bronx also, aber wo viel Schatten ist, gibt es auch Licht: Im Yankee Stadium, wo die New York Yankees ihre Heimspiele absolvieren, auf dem Grand Concourse, einer viereinhalb Meilen langen Prachtallee, die nach dem Vorbild der Pariser Champs-Élysées ange-

Im Norden von New York State und mit Vorortzügen und über Schnellstraßen leicht erreichbar liegen die attraktiven Urlaubsgebiete der New Yorker. Blick über den Hudson River auf den Ort Poughkeepsie (oben). Der Taughannock Waterfall bereichert eine anmutige Landschaft. Herbstfarben in Wells in den Adirondack Mountains. Maon Beach, East Hampton, Long Island.

Taughannock Waterfall   **Adirondack Mountains**   **Maon Beach**

legt wurde und die größte Ansammlung von Art-Déco-Häusern ihr eigen nennt, am Mott Haven Historical District, wo man auf der Alexander Avenue zwischen 138th und 142nd Street eine alte Polizeistation, die wunderschöne Public Library und alte Häuser aus dem Bürgerkrieg bestaunen kann, in Parkchester und Riverdale, zwei mustergültig angelegten Wohnvierteln, die fast die Slums vergessen machen. Oder am Orchard Beach, einem meilenlangen Sandstrand, und in einem der zahlreichen Parks des Stadtteils. Man glaubt es kaum, aber mehr als ein Viertel der Bronx ist mit Parks und Grünanlagen bedeckt. Sehenswert auch der Zoo und das Haus, in dem der Gruseldichter Edgar Allan Poe zwischen 1846 und 1849 lebte.

ANMUTIGE LANDSCHAFT

Jenseits von New York, im Norden des gleichnamigen Bundesstaates, wartet die anmutige Landschaft des Hudson River Valley: romantische Dörfer am Flussufer, viktorianische Landhäuser und einsame Farmen, interessante Künstlerviertel und Galerien, die imposanten Schlösser der Roosevelts und Vanderbilts und natürlich Westpoint. 1802 wurde die legendäre Militärakademie gegründet. Die Catskill Mountains sind ein beliebtes Erholungsgebiet für New Yorker. Die Berge sind bekannt für ihre großzügigen Lodges und Wander- und Langlaufgebiete. Zahlreiche Flüsse, Seen und Wasserfälle liegen inmitten einer kaum berührten Natur, die am Belleayre Mountain sogar mit winterlichen Abfahrten aufwartet.

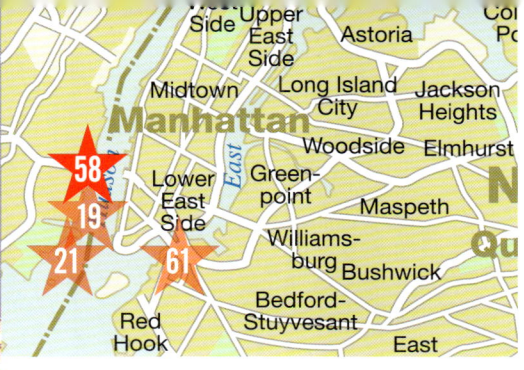

Blick auf Manhattan 58

New York, New York. Das Empire State Building, das Met-Life, das Chrysler Building und die United Nations. Auch ohne die markanten Zwillingstürme des eingestürzten World Trade Centers fasziniert die Skyline von New York. Vom New-Jersey-Ufer aus sieht man vor allem, wie sie sich im Süden von Manhattan gewandelt hat. Die Katastrophe vom 11. September 2001 hat New York verändert. Zu tief und zu schmerzhaft haben sich die tragischen Ereignisse in die Herzen gebrannt. Nur der ungebrochene Optimismus seiner Bewohner und der Heldenmut der Feuerwehrleute und Polizisten und der vielen Menschen, die beim Bewältigen der Krise und bei den Aufräumarbeiten am Ground Zero geholfen haben, gaben ihnen die Kraft zum Durchhalten. Mehr als zehn Jahre danach ragt bereits der erste der neuen Türme über dem Fundament empor, der „Freedom Tower" oder „One World Trade Center", und die Menschen blicken wieder nach oben, wenn sie am Schauplatz der Katastrophe vorbeigehen. Doch den Einsturz der Twin Towers können sie noch immer nicht fassen! Der Unglücksort ist zu einer Pilgerstätte für patriotische Amerikaner geworden, nicht nur das neue Mahnmal innerhalb des Zentrums. An den Bauzäunen hängen Blumen und bunte Bänder, kleben die vergilbten Fotos unschuldiger Opfer. Im Battery Park, nur wenige hundert Meter vom ehemaligen World Trade Center entfernt, ragt die zerbeulte „The Sphere" zwischen den Bäumen empor, ein Kunstwerk, das zum Denkmal der sinnlosen Zerstörung geworden ist. Im Tribute WTC Visitor Center werden Ansichtskarten der Twin Towers und Aufkleber mit der Aufschrift „I Love New York" verkauft.

ℹ www.earthcam.com/usa/newyork/skyline/?cam=hyatthd, www.environmentalgraffiti.com/featured/evolution-new-york-skyline/13896

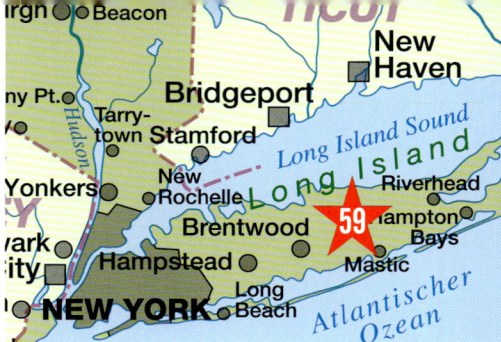

59 Long Island

Long Island erstreckt sich von New York in den Atlantik und ist ungefähr so groß wie Mallorca. Auch die Boroughs Queens und Brooklyn gehören – geografisch gesehen – zu der lang gestreckten Insel. Durch Nahverkehrszüge und Freeways mit New York City verbunden, gilt die Insel als beliebter Wohnort für Besserverdienende und nahe gelegenes Ausflugsziel. Bekannte Schriftsteller wie Walt Whitman, F. Scott Fitzgerald und John Steinbeck lebten hier. An der Gold Coast im Norden wohnen zahlreiche Millionäre. Zu den beliebtesten Ausflugszielen gehören der Jones Beach und die Hamptons. Die Hamptons liegen im äußersten Osten von Long Island und sind besonders bei wohlhabenden New Yorker Bürgern begehrt, die in ihren Strandhäusern den Sommer verbringen. Der Name leitet sich von den dort liegenden Siedlungen Southampton, East Hampton, Westhampton, Bridgehampton und Hampton Bays ab. Im 17. Jahrhundert kaufte der Siedler Lion Gardiner das Gebiet den Lenni-Lenape-Indianern für 24 Äxte, 24 Mäntel, 20 Spiegel und 100 Nadeln ab, und bereits im frühen 19. Jahrhundert gehörte es zu den beliebtesten Refugien der gehobenen Gesellschaft. US-Präsident Theodore Roosevelt und Mark Twain gehörten zu den ersten Feriengästen. Die Küstendörfer der Hamptons erinnern an das malerische New England, die Dünen und Strände bieten lediglich zwei Stunden von New York City entfernt unverfälschte Natur. Jeden Oktober findet das Hamptons International Film Festival auf der Insel statt. Der Jones Beach ist der meistbesuchte Strand der Ostküste. Ein drei Kilometer langer Boardwalk zieht sich am Meer entlang.

GPS: 40° 48′N, 73° 17′W
www.discoverlongisland.com

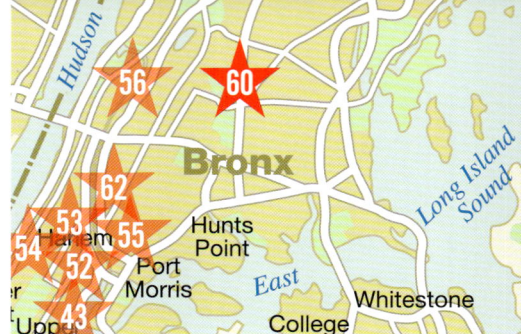

60 Botanical Garden/ The Bronx

Der Botanische Garten der Bronx bietet eine verwirrende Vielfalt von Pflanzen aus aller Welt. 48 verschiedene Gärten verteilen sich auf ein ungefähr 117 Hektar großes Gebiet am Steilufer des Bronx River. Das Gelände wurde nach dem Vorbild der Royal Botanical Gardens in London gestaltet und bereits 1891 eröffnet. Allein im Peggy Rockefeller Rose Garden findet man 250 verschiedene Rosenarten. Seit 1901 hat das Enid A. Haupt Conservatory geöffnet, ein viktorianisches Gewächshaus mit tropischem Regenwald und afrikanischer und nordamerikanischer Wüste.

GPS: 40° 51' 44" N, 73° 52' 36" W
www.nybg.org

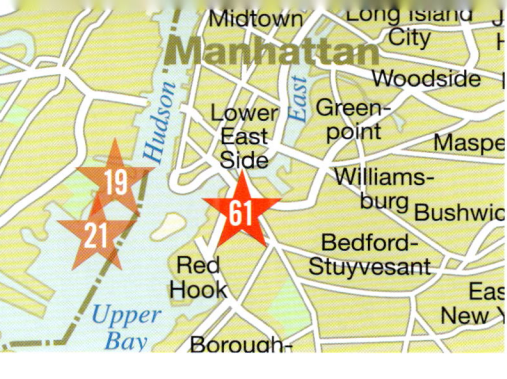

Brooklyn Museum 61

Brooklyn ist der bevölkerungsreichste Borough von New York. Bereits 1636 ließen sich holländische Siedler auf der Insel nieder, aus ihrem „Breukelen" (nach der gleichnamigen Stadt bei Utrecht) wurde Brooklyn. Lange Zeit unabhängig, bewahrte sich der Stadtteil bis heute eine starke Eigenständigkeit. Einige Gegenden wie Little Odessa und Little Arabia betonen den Charakter bestimmter ethnischer Gruppen. Das Brooklyn Museum ist für seine hervorragende ägyptische Sammlung bekannt.

GPS: 40° 40′ 17″ N, 73° 57′ 50″ W
www.brooklynmuseum.org

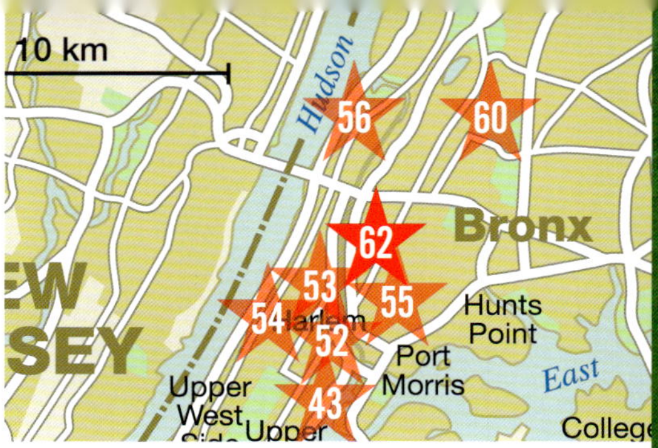

62 Yankee Stadium

Bereits 1903 spielten die New York Yankees mitten in der berüchtigten Bronx. Ihre goldene Ära begann 1920, als Megastar Babe Ruth zu ihnen stieß. Die Yankees und ihr Superstar wurden zur Legende. Zwischen 1936 und 1964 gewannen sie zweiundzwanzig Titel, dann mit ihrem neuen Superstar Joe DiMaggio. Danach ging es bergab. Erst 1998 feierten die Yankees ein glorreiches Championship-Comeback. Seit 2009 spielen sie in einem neuen Stadion, dem „New Yankee Stadium".

GPS: 40° 49′45″ N, 73° 55′35″ W
www.ballparksofbaseball.com/al/YankeeStadium.htm

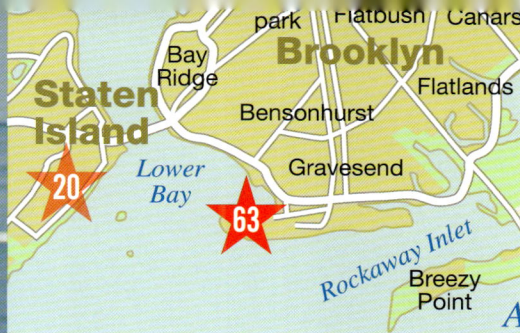

Coney Island 63

Die Insel verdankt ihren Namen den vielen Kaninchen, die dort während der Kolonialzeit lebten. Aus dem holländischen „Konijn Eiland" wurde „Coney Island". In den 1950er-Jahren wurde Coney Island ein beliebtes Ausflugsziel, schon wegen „Nathan's Famous Hot Dogs", die man dort erfunden haben will. Hauptattraktionen sind noch heute der lange Strand, der Vergnügungspark und das New York Aquarium mit über 8000 Meerestieren. Schon seit 1893 dreht sich das historische Riesenrad in Brooklyn.

ℹ GPS: 40° 34′ 33″ N, 73° 59′ 53″ W
www.coneyislandfunguide.com

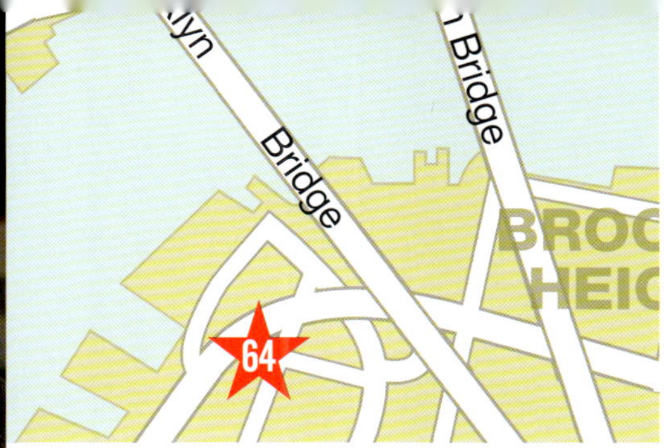

Brooklyn Promenade 64

Brooklyn Heights reicht von der Brooklyn Bridge bis zur Atlantic Avenue und gehört zu den wohlhabendsten Vierteln von Brooklyn. Der romantische Stadtteil mit historischen Brownstone-Häusern liegt an der Mündung des East River. Die Brooklyn Borough Hall, ein 1848 erbauter Greek-Revival-Tempel, war bis 1989 das Rathaus des unabhängigen Brooklyn. Von der Brooklyn Heights Promenade hat man einen atemberaubenden Blick auf die Brooklyn Bridge und die New Yorker Skyline.

GPS: 40° 41′ 49″ N, 73° 59′ 47″ W
www.nyharborparks.org/visit/brhe.html

65 Hudson River Valley

Jenseits von New York, im Norden des gleichnamigen Bundesstaates, wartet die anmutige Landschaft des Hudson River Valley: romantische Dörfer am Flussufer, viktorianische Landhäuser und einsame Farmen, interessante Künstlerviertel und Galerien, die imposanten Schlösser der Roosevelts und Vanderbilts und natürlich Westpoint. 1802 wurde die legendäre Militärakademie gegründet und war viele Jahre ein beliebtes Ausflugsziel für patriotische Amerikaner. Seinen Namen hat das Tal von Henry Hudson, der zu Beginn des 17. Jahrhunderts nach einer nördlichen Durchfahrt zum Pazifik suchte. Unterwegs begegnete er den Irokesen, dem mächtigsten Indianerstamm im amerikanischen Nordosten. In der anmutigen Parklandschaft des Storm King Art Center bei Newburgh erheben sich über hundert Skulpturen bekannter Künstler wie Alexander Calder und Henry Moore im Schatten der Hudson Highlands. In dieser Galerie unter freiem Himmel verbinden sich Natur und Kunst zu einer beinahe perfekten Einheit. Am anderen Flussufer, wenige Meilen nördlich von Hyde Park ragt die ehemalige Residenz von Ex-Präsident Franklin D. Roosevelt aus einem lichten Laubwald. Ein Landhaus von gewaltigen Ausmaßen, in der „FDR" einen Großteil seines Lebens verbrachte. Ebenfalls an der Route 9 liegt das Vanderbilt Mansion, ein gewaltiger Palast im Beaux-Arts-Stil. Die Vanderbilts, die ihr Vermögen mit dem Bau von Eisenbahnen begründet hatten, schwärmten für die Paläste der europäischen Adeligen und schickten ihre Architekten nach London, Paris, Florenz, Rom und Venedig, um dort Ideen zu sammeln und Antiquitäten für die opulent ausgestatteten Zimmer zu kaufen.

www.travelhudsonvalley.com

66 Adirondacks

Die Adirondacks liegen im nordöstlichen Teil von New York State und beeindrucken mit romantischen Seen und urwüchsiger Natur. Die höchste Erhebung ist der Mount Marcy (1629 Meter). Das Adirondack Museum, ein vorbildliches Freiluftmuseum am romantisch gelegenen Blue Mountain Lake, informiert über die ersten Touristen, die bereits im frühen 20. Jahrhundert kamen. Nur ein paar Meilen weiter, am Ufer des malerischen Raquette Lake, erhebt sich das historische Sagamore Camp, einst „Spielplatz" der oberen Zehntausend.

GPS: 44° 7′N, 73° 55′W
www.adirondack.net

Register

	Seite		Seite		Seite

42nd Street 14, 54, 55, 77
9/11- Memorial 47

Abyssinian Baptist Church 110
Adirondack Mountains 121, 133
American Museum of
Natural History 105
Apollo Theater 110

Battery Park 45, 123
Bedloe's Island 53
Bloomingdale's 9, 103
Botanical Garden (Bronx) 126
Bowery 32, 59, 74, 90
Broadway 14, 49, 72, 87, 90, 119
Bronx 15, 16, 119, 120,
.... 126, 128
Brooklyn Bridge 15, 20, 48, 120, 131
Brooklyn Museum 17, 127
Brooklyn Promenade 131
Brooklyn 15, 16, 48, 52, 119, 120,
.... 123, 127, 129, 131
Bryant Park 85

Canal Street 22, 30, 34, 59
Cathedral of St. John the Divine 114
Central Park 8, 14, 15, 19, 54, 58,
.... 90, 92–96, 101, 105
Chelsea Market 34
Chelsea 16, 36, 38, 64
Chinatown 23, 30, 49
Chrysler Building 15, 23, 54, 71,
.... 87, 88, 123
City Hall 49, 119
Columbia University 115
Columbus Circle 94, 102
Coney Island 129
Cushman Row 38

Diamond District 59
Doyers Street 30

East Hampton 121
East River 15, 48, 49, 73, 120
East Village 16, 27
Ellis Island 22, 45, 49
Empire State Building ... 13, 23, 54, 55,
.... 67, 69, 87, 88, 123

Fifth Avenue 14, 55, 58, 59, 75,
.... 84, 87, 92, 94, 99, 101, 109
Financial District 59
Flatiron Building 87
Food Carts 33
Fort Tyron Park 117
Four Seasons Hotel 93

Gansevoort Street 34, 36
General Electric Building 61, 63
Gold Coast 124
Grand Central Station 14–16, 55,
.... 77, 119
Grant's Tomb 114
Greenwich Village 23, 25, 26, 58
Guggenheim Museum 14, 93, 99

Hamptons 124
Harlem River 58
Harlem 16, 93, 110
Herald Square 78
High Line Park 36
Houston Street 23, 38, 40
Hudson River Park 45
Hudson River Valley 121, 133
Hudson River 23, 36, 45, 114, 121

Immigration Museum 22

Lafayette Street 23, 32
Lexington Avenue 88, 103
Lincoln Center 100
Lipstick Building 103
Little Italy 32
Long Island 121, 124
Lower East Side 22, 25, 27, 28
Lower Manhattan 23
Lower West Side 34

Macy's 8, 78
Manhattan 7–9, 13–16, 22–119
Maon Beach 121
Meat District 34, 36
Metropolitan Museum of Art ... 93, 107
Metropolitan Opera 100
Midtown 8, 54, 58, 64, 81, 92
MoMA 81, 93
Mott Street 30

Neue Galerie 109

One World Trade Center 16, 46, 123

Park Avenue 74, 77, 94
Poughkeepsie 121
Public Library 15, 55, 84, 85

Queens 15, 16, 124

Radio City Music Hall 15, 61
Ritz-Carlton Central Park Hotel 8
Riverside Park 114
Rockefeller Center .. 7, 15, 16, 55, 61, 63
Rooftop Bars 88

Shiloh Baptist Church 110
SoHo 16, 23
St. Patrick's Cathedral 83
Staten Island Ferry 52
Staten Island 15, 16, 52
Statue of Liberty 15, 22, 45, 53
Subway 119

Taughannock Waterfall 121
The Cloisters 117
The Plaza 101
The Sphere 45, 123
Theater District 14
Times Square 10, 14, 54, 56,
.... 72, 90, 119
Top of the Rock 7
TriBeCa 16, 34
Trinity Church 43
Trump Tower 75

Union Square 90
United Nations 73, 123
Upper East Side 58, 64, 92, 94, 109
Upper West Side 64, 94

Wall Street 9, 15, 39, 43
Washington Square 25, 58
Wells 121
Woolworth Building 16, 87
World Financial Center 45

Yankee Stadium 120, 128

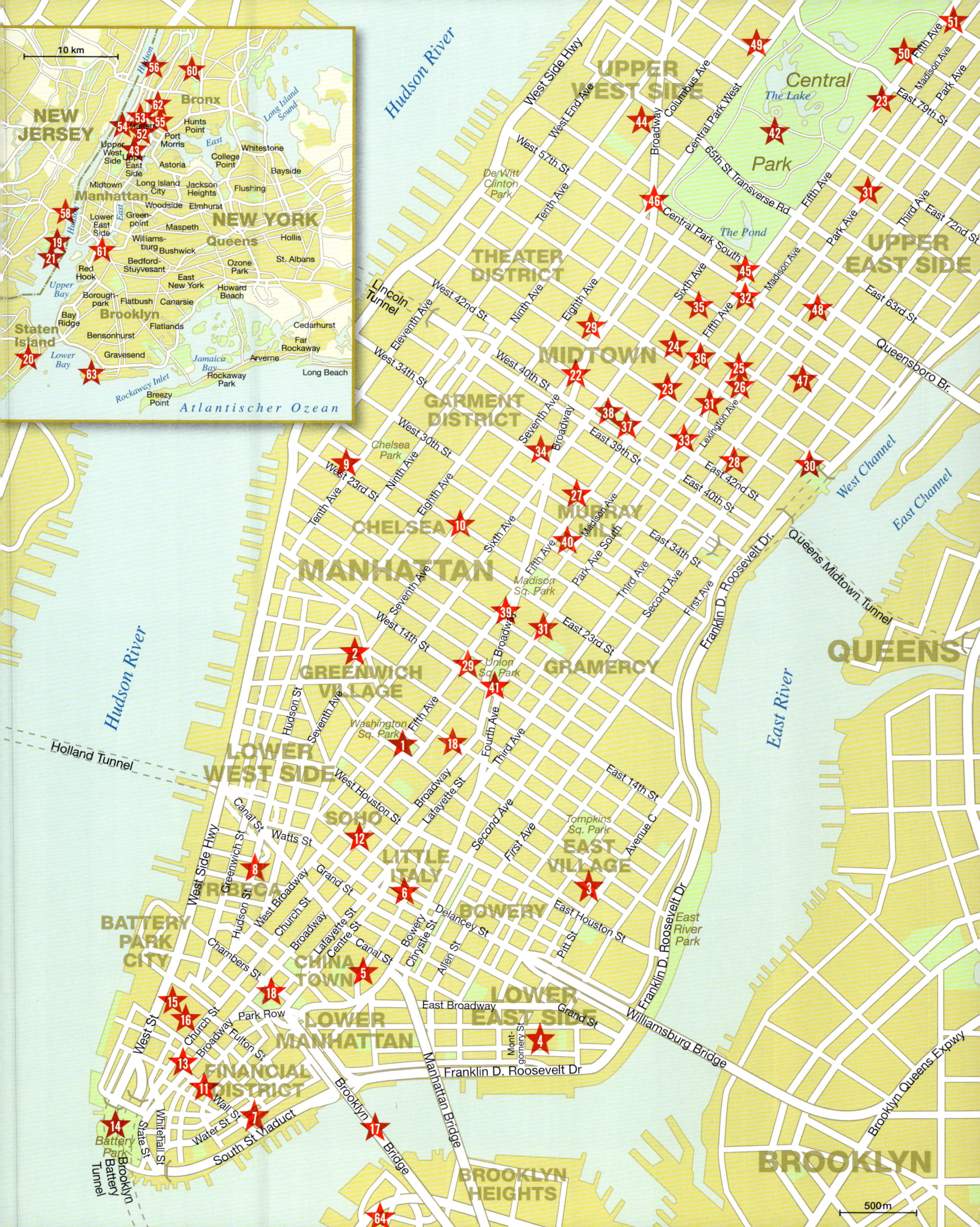

Impressum

BUCHGESTALTUNG
SILBERWALD
Agentur für visuelle Kommunikation, Würzburg

KARTE
Fischer Kartografie, Aichach

Alle Rechte vorbehalten

Printed in Germany
Repro: Artilitho snc, Lavis-Trento, Italien
Druck/Verarbeitung: Offizin Andersen Nexö, Leipzig

© 2014 Verlagshaus Würzburg GmbH & Co. KG
© Fotos: Christian Heeb
© Texte: Thomas Jeier

ISBN 978-3-8003-4900-5

BILDNACHWEIS
Alle Bilder von Christian Heeb mit Ausnahme von:
S. 46: squittel/Wikipedia

 UNSER GESAMTES PROGRAMM:
www.verlagshaus.com

Wenn die Welt ein Zentrum hat, dann liegt es hier. „The Crossroads of the World" hat den Times Square an der Kreuzung von Broadway und Seventh Avenue zwischen 42nd und 47th Street schon vor langer Zeit jemand getauft.